El Código Bob Marley
El Morya Sobre Bob Marley

Primera Edición – 2007
PC, Marilya, 1960 –
Foto de la autora: M. Marrero
Arte y Diseño de Portada – Servio Bernal
Ilustración Interior   Diseñador Gráfico
servio@revolution.com.co
Cali / Colombia / Suramérica

Titulo original en español
El Código Bob Marley: *El Morya Sobre Bob Marley*
Editorial BalanceArte
Tipografía
M. Pérez-Cotto
Revisión y Estilo
Myriam Brugueras
Copyright©2007—*Editorial BalanceArte*
BalanceArte@hotmail.com
Puerto Rico

El Código Bob Marley

Marilya P.C.

Editorial BalanceArte

CONTENIDO

Para Cultura Profética
y para Tego Calderón,
que me dio la señal.

"*En todas mis encarnaciones, Yo, El Morya, siempre quise vivir así. Amo vivir lo que pienso y Ser lo que Soy. Amo dar rienda suelta a las experiencias de vida y Bob es la manifestación más libre que jamás haya habido de mi energía y mi conciencia a lo largo de las centurias.*"

El Morya

Nota Preliminar

Sobre el Código
Bob Marley

Por **Marilya P.C.**

Bob Marley no requiere de presentación. En todo el mundo millones de personas se han dejado hechizar por el cadencioso ritmo de su música reggae y son muchos los que se esfuerzan por desentrañar cada uno de los mensajes proféticos y visionarios en la letra de sus canciones. Aunque este libro nunca pretendió ser parte de esos esfuerzos, comprendemos muy bien que pueda ubicarse dentro de esa categoría.

Guiado por la agradable y confiable compañía de El Morya, y con la música de Bob Marley como telón de fondo, el lector transita los caminos interdimensionales hacia Kingston y Nine Miles en Jamaica.

Allí es asistido a recordar: ¿Quién es Bob Marley?, ¿Por qué su música constituye un fenómeno mundial a más de veinticinco años de su muerte? y ¿Cuál es su relación con el profeta Jeremías y con los Beatles?

El eje central de este libro lo constituye el Código BOB, el Código 808, de cuyo diseño participa El Morya junto a usted lector y junto a Bob Marley, por encomienda de la propia Humanidad.

¿Qué es el Código Bob? ¿Cómo se activa y qué energías contiene? ¿Quiénes llevan este código impreso en su campo energético? Este libro se escribe para los seguidores del trabajo de Bob Marley que intuyen que su música se trata de un fenómeno que supera la mercadotecnia.

En este viaje interdimensional usted es llevado más allá de los millones de discos vendidos, hasta entender cuáles son las energías que en constante expansión permiten que el fenómeno Bob Marley no conozca límites.

Prólogo

Sobre el Querido
El Morya

Por **Saint Germain**

Saludos. Yo Soy Saint Germain. Es un honor estar en este lugar escuchando las conversaciones y los sonidos que le rodean. Disfruto al percibir la energía antigua y ancestral que contiene cada onda de sonido sobre este planeta. Disfruto al ver los gestos de cada uno de ustedes en sus intercambios con el mundo que se han construido, ajenos al servicio maravilloso que prestan desde tiempos inmemoriales. Conversar con ustedes es lo que más agrada de mi servicio al Gran Colectivo Humano.

Son ustedes mis amores de siempre, los que más me han permitido quererle y los que más me han querido. Aquellos que me han permitido acercarme desde este lado del velo, sin importar lo que estén viviendo en la vida de turno. Muchas veces fue un sueño, un celaje en algún rincón de la casa o una reunión de iniciados y adeptos a la que Yo Soy invitado como uno más. Han transcurrido varios siglos desde la última vez que caminé la Tierra en un cuerpo físico, y aquí estoy de nuevo Yo, Saint Germain, y ahí está de nuevo Usted, la perfecta evidencia de que la muerte no existe, de que el espíritu es inmortal y de que el amor siempre vuelve a reunirnos como el primer día.

Son ustedes la más clara expresión del amor fraterno, del amor que existe entre verdaderos Hermanos. Yo Soy Saint Germain, pero puede llamarme el Hermano Santo o el Sanctus Germanus (Santo Hermano), como mejor me recuerde y como mejor se acomode a su lenguaje de ahora. Verá que poco a poco le irán llegado las memorias de otros tiempos, las incontables experiencias dignas de contarse en la mesa de café o en la cena familiar de una tarde de domingo.

4

Me trae hasta el lugar en el que usted se encuentra, la solicitud de una querida persona a la que me es imposible decir no, de la misma manera que me es imposible decir no a ningún miembro del Gran Colectivo Humano. Ella ha estado conversando desde hace algún tiempo con un gran amigo, que más que amigo es un hermano, un hermano fraterno, y juntos han estado trabajando el libro que hoy tiene ante sus ojos, como parte de un acuerdo de servicio para este momento planetario. Debe usted saber que nuestra escriba se encuentra tomando este dictado en el lado del velo en el que se encuentra usted, pero mi amigo y hermano, El Morya, se encuentra en el lado del velo en el que me encuentro Yo.

El Morya está muy atento a la energía que irradio con la finalidad de que sea traducida en palabras, y aunque usted no lo crea, este sabio de la antigüedad, este gurú y Gran Amigo de la Humanidad, vestido para la ocasión con una impresionante capa azul sobre una majestuosa túnica color cielo y su elegante turbante, está leyendo sobre el hombro cada palabra que es traducida.

Ese es El Morya. Destella felicidad y alegría por los cuatro puntos cardinales de su egregia figura. Su mirada severa se desvanece en amplia sonrisa ante la visión de millones de seres humanos que activan su energía diamantina a todo lo largo y ancho de este nuevo milenio. Se ha vestido con todo lujo porque ésta actividad significa para él un tipo de presentación en' sociedad. Así es que está exacto, regio, y usted es su invitado de honor en esta gran fiesta del espíritu humano. Como es su costumbre, trae la música con la que le quiere celebrar y aguarda con humildad la ocasión para declamar alguno de sus poemas más célebres.

Le adelanto que me voy a extender un poco en mi exposición, porque cuando se me solicita que entregue unas cuantas palabras sobre el querido El Morya, ya El Morya se ha adelantado y no sólo pide unas cuantas palabras. ¡Me exige que dicte el prólogo del libro! A lo que accedo como el mayor honor que se puede rendir a quien tanto ha trabajado al servicio de la Humanidad, y -¿cómo no decirlo?- a quien ha sido en muchas ocasiones mi lugarteniente, -como le llaman ustedes- tanto en el mundo físico como en los planos internos. Sin embargo, pocos de ustedes conocen que El Morya fue mi Gurú, mi Maestro y mi Guía en algunas de mis encarnaciones, especialmente en la Atlántida y en el antiguo Egipto.

El Morya es el maestro ascendido que más decididamente encarna la cualidad de la Voluntad Divina de cuantos caminamos la Tierra en cumplimiento del Plan Divino, y esta cualidad es su razón de Ser y de Servir. Estas no son sólo mis palabras. Es algo en lo que coinciden los que orgullosamente hemos estado junto a Él por tantos y tantos siglos. (Emocionado) En cada uno de los períodos evolutivos de la historia humana, El Morya manifiesta en sus distintas personalidades una lealtad a la divinidad humana y una valentía ante los retos de la experiencia terrena que no conoce límites. Yo, Saint Germain, les aseguro que mi trabajo junto a ustedes no se garantizaba de no haber contado con la mano fraterna, constante y laboriosa de El Morya. Es capaz de una entrega que en el ambiente terrestre sólo puede ser catalogada de "sobrehumana" por los conocedores de los mundos sutiles. Como muy bien lo refleja el espejo de su nombre, El Morya, desde la época de la 'Le-Muria' la energía vibración y conciencia de este amigo y hermano es una constante en esta dulce Tierra. ¡Y cómo les ama a cada uno! ¡Cómo atesora en su corazón la más liviana de sus experiencias junto a tantos de ustedes!

Cuando se habla de El Morya las palabras son limitadas y aún la intensidad de mi energía palidece ante tan magnificente Ser. En estos momentos en que la Humanidad re-escribe los archivos de la experiencia lemuriana, cuando lleva la experiencia de ese caos creativo a niveles de manifestación armónica nunca antes logrados en el plano físico, el querido amigo y fraterno El Morya sonríe y trabaja complacido. Sonríe y trabaja complacido porque su energía se corresponde con el Primer Rayo de manifestación creativa sobre la Tierra, que da luz a formas cada vez más avanzadas y perfectas en la ruta Humana hacia su diosidad, y que asegura el éxito del trabajo que usted realiza junto a millones de hermanos fraternos en los rayos subsiguientes.

La energía lemuriana, la energía de El Morya, desde siempre es la que da ese primer impulso, ese empujón inicial al surgimiento de civilizaciones y humanidades, sociedades, instituciones, naciones y gobiernos, y es la que acompaña a todos los demás rayos de manifestación creativa a lo largo de la ruta de regreso a la Fuente hasta completar el ciclo. Por eso, (conmovido) Yo, Saint Germain, que represento y sostengo el actual Séptimo Rayo de manifestación alquímica, con el que concluye el divino ciclo de esta victoriosa jornada evolutiva de la Humanidad, no puedo menos que poner mi mano sobre el corazón y besar las manos y la frente de este ascendido fraterno. Al final de esta séptuple jornada de las edades recojo junto a usted, los frutos de un trabajo que se extiende por eones, y que ha tenido como su mismo centro la semilla de la Voluntad Divina que tan amorosamente siembra, cuida y cosecha El Morya.

No se acostumbra que un Humano Ascendido hable extensamente sobre otro Ascendido. El llamado al silencio que impone el dedo sobre los labios de Isis ha sido la regla por miles de años. En este nuevo milenio, cuando el velo se descorre todos los días un poco, no sólo las verdades ocultas y selladas hasta el final de los tiempos van quedando al descubierto.

También van quedando expuestos los nombres de aquellos que guardaron y custodiaron esas verdades, y entre tantos y tantos comprometidos con la tarea brilla y destaca el genio y figura del amado El Morya; Quijote de la Voluntad Divina en el plano terrestre.

No hay lugar de la Tierra por el que no haya caminado. No hay raza a la que no haya pertenecido. No hay periodo evolutivo en el que no se haya destacado. En la Lemuria, en la Atlántida, en China, en Egipto, en la India, en Irak, en Inglaterra, en Irlanda, en el Caribe, en América. El Morya es Universal como lo son todos y cada uno de ustedes y presta actualmente su servicio y colaboración a los millones de seres humanos que están despertando a su nueva condición de seres ascendidos que caminan la Tierra en este nuevo milenio. Todos y cada uno de estos hermanos, a su debido tiempo, van cumpliendo con la responsabilidad de cerrar este ciclo planetario sentando las bases para lo que será el próximo ciclo dentro de dos mil años.

En ese nuevo ciclo, del que todavía no es posible dar detalles concretos y específicos, el Rayo Azul Diamante volverá a regir sobre la

Humanidad para otorgar el impulso final al proceso de divinización Humana. Como regente del actual Séptimo Rayo, es mi razón de ser asistir a la Humanidad en su proceso de re-escribir la historia de los eones transcurridos y mediante el logro de la transmutación alquímica de las energías humanas, cruzar Yo Mismo junto a ustedes hacia la Nueva Energía del planeta, cruzar hacia la Nueva Tierra.

Allí Soy recibido oficialmente por El Morya porque así lo hemos planificado junto a usted. Es nuestra intención realizar la ceremonia más majestuosa y magnificente de la que jamás haya participado el espíritu del Gran Colectivo Humano. Desde el lugar en el Eterno Ahora en que me encuentro me es posible ver las posibilidades del actual proceso de ascensión humana. Le veo a usted junto a todos los demás, y me veo entregándole su 'santo y seña', entregándole 'su palabra', que es el nombre de dios por el que usted es conocido en los Universos y mundos por venir.

Será entonces cuando Yo, Saint Germain, y mi gran amigo y hermano fraterno, El Morya, cerremos junto a todos ustedes y con broche de oro este nuevo ciclo planetario, uniendo el Final con el Principio, el Efecto con la Causa y el Fruto con la Raíz.

Ese día, que ya se acerca, la Humanidad completa se habrá movido armoniosa y victoriosamente más allá de las energías encerradas en este círculo de manifestación de la dualidad divina que usted conoce como planeta Tierra, y toda la divinidad contenida en su interior se irá liberado hacia el restante Universo.

Ese día finalmente se entenderá la sabiduría oculta contenida en las palabras de los sabios antiguos, cuando declaraban y sostenían, aún a riesgo de perder sus vidas, que la "Tierra es el centro del Universo".

Yo Soy Saint Germain. Y Así Es.

Tabaco y Café

"... ¿qué tal si yo le digo que este libro se lo escribió usted mismo? Que todo lo que leerá aquí es una gran carta que usted mismo se ha enviado desde el otro lado del velo para que la recibiera justo en el momento en que más apropiado era para usted."

Tabaco y Café

"It's you, it's you, it's you I'm Talking to ..."
Bob Marley — **Coming in from the cold**

Saludos, Yo Soy El Morya. Para usted mi saludo del Corazón, Cabeza y Mano. Es un honor conversar con usted en tiempos tan especiales y tan llenos de posibilidades. Mientras le saludo y hago esta breve introducción, cada uno de ustedes irá sintiendo que mi presencia se intensifica. Esa es la manera en que Yo Soy asistido en este lado del velo para que pueda acercarme hasta usted cada vez un poco más, y es la manera en que usted también es asistido para que pueda rasgar el velo otro poco hasta asomarse al lugar en el Eterno Ahora en que me encuentro. Es esta presión desde ambos lados del velo la que lo va refinando y volviendo translúcido hasta que finalmente desaparezca y ya no haya separación entre usted y los que nos encontramos en los mundos sutiles.

Usted seguramente se sorprenderá de lo que está leyendo porque lo que usted tiene entre sus manos es un libro. Y es muy probable que usted piense que le hablo como si usted estuviera en medio de un grupo de personas que se ha congregado a escuchar lo que otro Ser Humano tiene que decir sobre algún asunto de su interés. Bueno, ¿qué tal si yo le digo que este libro se lo escribió usted mismo?. Que todo lo que leerá aquí es una gran carta que usted mismo se ha enviado desde el otro lado del velo para que la recibiera justo en el momento en que más apropiado era para usted. De modo que Yo, El Morya, sólo le voy a decir lo que ya usted sabe, pero que de alguna manera, debido a esa extraña condición que es la dualidad en la que usted vive en la Tierra, necesita aparentar que otra persona se lo está comunicando.

Este libro es de particular interés para las generaciones de seres humanos nacidos en la Tierra después de los años cincuenta y sesenta. Son ellos los que masivamente están reorganizando sus vidas individuales y sus mundos colectivos en todo el planeta. Se preparan para realizar encomiendas individuales y colectivas, que por primera vez en la historia de la Humanidad son delineadas desde la conciencia despierta del propio Ser Humano encarnado en la Tierra. Son un grupo de gente muy especial. Si fuéramos a utilizar un término para describir a este grupo de humanos, diríamos que es un grupo 'elite'. Desde su nacimiento sus padres sabían intuitivamente que tenían en su casa a alguien muy especial. Aún cuando crecieron en medio de lo establecido -que en este lado del mundo resultaba ser lo mejor de cuanto se le había ofrecido a generación alguna sobre la Tierra- la realidad es que siempre han ido en contra de la corriente desde el interior del sistema planetario mismo. Son especialistas en la 'creación y la re-creación'. Se les podría catalogar de contratistas, ingenieros, arquitectos, delineantes de sistemas, sociedades y civilizaciones. Pero en este momento cósmico, en el que los sistemas y las sociedades han estado en pie por el tiempo requerido para lograr un salto en la evolución humana, esto quiere decir que se especializan en la destrucción de lo que ya no puede ser transformado y en la construcción de lo que debe reemplazarlo. Claro está que a veces sólo dejan el plano trazado y otro Ser Humano será el que continúe con la labor. Hay encomiendas que sobrepasan las fuerzas de un individuo porque van más allá de lo personal y grupal para entrar en el terreno de las grandes transformaciones humanas. En esos casos se impone el relevo y hay que pasar el batón.

De modo que es importante que usted entienda que todo lo que está leyendo ha sido usted mismo quien se lo ha mandado a decir. Yo, El Morya, sólo le sirvo como mensajero y portavoz de usted mismo. Es un servicio que realizamos todos los seres que alguna vez fuimos humanos en la hermosa Tierra como parte de nuestro compromiso con la elevación del planeta y de la Humanidad hacia su próximo nivel de perfección. En alguna medida, los que usted ha conocido como avatares, santos, profetas y maestros ascendidos somos los 'traductores'. Traducimos grupos de energía para que quienes forman parte de los diversos grupos humanos en la Tierra puedan tener acceso al conocimiento de una manera que les sea resonante y apropiada. Es la manera en la que usted se reconoce a sí mismo como parte de un colectivo, de un proceso, de un plan, en el que tiene un papel que desempeñar y mucho que aportar.

Es un honor para mí, El Morya, traducir lo que usted se quiere decir a sí mismo. Usted bien sabe que en la antigüedad no había traductores en este lado del velo que asistieran a los seres humanos a entender el conocimiento y la ciencia de la creación. Todos los profetas y avatares han informado que recibieron la información directamente de Dios. Pero esto no era exactamente así. Ningún Ser Humano hubiera sido capaz de resistir la descarga electromagnética que hubiera implicado la cercanía a la Inteligencia Primera de este Universo. Había unos seres que entraban en acción cuando era necesario acercarse a un Ser Humano que se había comprometido con recibir información que luego entregaría a los demás.

Estos seres asistían para que la integridad física, mental y emocional del individuo fuera salvaguardada. Aún con toda la asistencia que se otorgaba, los comprometidos con este servicio eran catalogados de locos y desajustados, al punto de que cuando usted lee los relatos que quedaron para la posteridad, muchas veces se pregunta cómo Moisés, Jeremías, Jesús, Juan el Bautista, Nostradamus, Giordano Bruno o el propio Ghandi, pudieron ejecutar tales contratos de vida.

En muchos de los relatos legados a la presente Humanidad, es característica la descripción de una intensa luz a la que no se puede mirar, y también que se requería de varios días de reposo en los que la persona era asistida desde este lado del velo hasta recobrar el balance de sus energías. Así tenía que ser. La Humanidad no había llegado a un nivel vibratorio que asegurara una libre dispensación del conocimiento universal y los seres humanos que habían completado su proceso de perfección en la Tierra sólo podían acercarse a un reducido grupo de seres humanos dispuestos a recibir información desde el otro lado del velo.

Los libros publicados en los siglos pasados son el resultado de estos esfuerzos comunicativos entre los Humanos Ascendidos que alcanzaron la maestría y la Humanidad sobre la Tierra. Estos libros son en cierta medida crípticos. Los paquetes de energía no se recibían con total claridad. El proceso de descifrar su contenido para su aplicación en la vida humana tomaba mucho tiempo de estudio y concentración de parte del interesado.

Pero ya no tiene que ser así. Los recursos angélicos que han sido humanos y que ahora se encuentran en este lado del velo, poseen por su experiencia terrestre las más altas calificaciones para entender y traducir las energías humanas. Ellos se especializan en sincronizar las energías del Espíritu para que el conocimiento fluya hacia el Ser Humano dispuesto a recibirlo. Al mismo tiempo, millones de seres humanos en la Tierra ya han completado el proceso de apertura de su interdimensionalidad, lo que les alinea y conecta con las capas de energía más profundas y elevadas del planeta y del Universo. Desde ese lugar, Yo, El Morya, me comunico con usted y usted se comunica conmigo. ¿Sabe que usted estuvo en la reunión en la que determinamos los temas que serían incluidos en este libro? Mucho de lo que hay escrito aquí ha sido determinado por usted porque es de su especial interés que se le ofrezca información sobre ello.

En este momento, si usted siente que está listo para comunicarse con El Morya desde la interdimensionalidad de su mundo interior, cierre este libro y venga al lugar en el que Yo, su Amigo de muchas vidas, aguardo por su visita. Se sentirá a gusto y en buena compañía. Además, es muy grato recibir la visita de amigos tan queridos y extrañados. Le invito a tomar una taza de café de Puerto Rico, la Isla de San Juan Bautista y a visitar la ciudad de Ponce, custodiada por el León Solar de las transformaciones alquímicas. Podemos visitar al amigo Saint Germain en el pueblo de San Germán, y echar un vistazo a la antigua Iglesia Porta Coeli[1]. Sólo para recordar y bañar los viejos tiempos con el brillo luminoso de esta Nueva Era.

Pero más que nada es nuestra intención ir con usted hasta la vecina isla de Jamaica, y mientras caminamos por las calles de Kingston y disfrutamos del aromático perfume del tabaco, conversaremos sobre Bob Marley al ritmo iniciático del reggae. Es usted bienvenido y Yo, El Morya, soy agradecido de su compañía.

Si usted aún no se siente listo para esta visita interdimensional llena de ilusión y de nostalgia, siga leyendo, que Yo, El Morya,

---

[1] Puerta Del Cielo

iré traduciendo su propia energía, hasta que usted se sienta capaz de explorar los corredores interdimensionales que usted mismo diseñó y ayudó a construir en otras eras.

Yo Soy El Morya. Y Así Es.

El Código
Bob Marley

"... en las próximas horas verá el rostro y el nombre de Bob Marley en una camiseta, en un pegadizo, en algún carro, en la televisión o en la vitrina de algún centro comercial. Esa es la señal que juntos hemos acordado para que usted pueda poner de lado la duda y celebrar su participación activa en este proyecto colectivo."

El Código BOB

"It's take a joyful song, to make the world go round"[1]

Bob Marley — **Funky Reggae**

Bienvenido, Yo Soy El Morya. Para usted mi saludo del Corazón, Cabeza y Mano. Una vez más le manifiesto el honor que entraña acercarme a personas tan especiales y tan queridas. De inmediato voy a confiarle algo. Desde que usted y todos los demás seres humanos implicados en este proyecto comenzaron a visitarme, casi siempre durante sus horas de sueño, Yo, El Morya, me he sentido muy conmovido y a la expectativa. He

---

[1] Sólo hace falta una alegre canción… para hacer al mundo girar.

estado sintiendo esa urgencia que es tan propia de los seres humanos encarnados en la experiencia terrestre. Es realmente maravilloso. Es sentirse humano nuevamente. Créalo. Casi no puedo esperar a verle, a reunirme con usted. Desde el lugar en el Eterno Ahora en que me encuentro puedo ver las manos que sostienen este libro, los rostros y los ojos que lo leen y hasta el lugar en el que cada uno de ustedes se encuentra. Usted está manifestando en el plano físico lo que durante tanto tiempo terrestre hemos estado planificando y trabajando desde este lado del velo.

¿No le parece increíble que a pocos años de haber comenzado este nuevo milenio ya sea tan fácil conectarnos en familia? Usted me visita y conversa conmigo; planifica junto a muchos otros el libro que quiere que se escriba para que usted y los que vengan detrás de usted en las décadas futuras lo encuentren en algún lugar o lo reciban como regalo, y lo lean mientras algo en su interior le asegura que las casualidades no existen. Es maravilloso. ... ¡Maravilloso!

Yo, El Morya, quiero poner los nombres de todos y cada uno de ustedes como autores de lo que en este momento escucha y lee. Lo he conversado con la escriba que me asiste en esta labor de traducción de las nuevas energías de la Tierra. Por razones de espacio lineal no es posible hacerlo, aunque es una realidad cósmica que son millones los nombres que se corresponden con los seres humanos que participan de la escritura de este libro y que escuchan o leen estas palabras en algún lugar del planeta. Habrá quien visite estas palabras más de una vez y no sólo en esta expresión física. A todos les amo inmensamente, aún cuando la mayoría no recuerda los asuntos sobre los que conversan conmigo en sus escapadas hasta este espacio liberado del mundo del Espíritu.

Un día lo recordarán todo y ya nada les será oculto. Es la razón por la que usted mismo se escribe; porque ya ha decidido comenzar a recordar y se encuentra en el proceso de re-escribir lo que ha sido su experiencia humana en este planeta. Ha llegado el momento de unir los puntos y de ver con total claridad el contenido que la silueta esconde.

Como siempre, a estas alturas de nuestra conversación, le invito a cerrar el libro y a acelerar el paso a través de los corredores interdimensionales hasta que llegue al lugar en el que siempre le espero. Como de costumbre tengo café y algo de tabaco caribeño. Tengo otras cosas que mucho me gustaban cuando estaba en la Tierra, pero de ellas conversaremos otro día. La escriba amenaza con quitar las manos del aparato en el que trabaja si continúo hablando sobre lo que ella llama 'cosas privadas'. Pero todos ustedes entienden de lo que les hablo, saben a lo que me refiero y por eso no es casualidad que sean mis amigos de muchas vidas.

Bien, ahora que ya le he saludado y le he convidado a que cierre el libro y venga hasta aquí a charlar conmigo, le voy a contar nuestra conversación mientras caminamos las calles de Kingston en Jamaica. Lo que le cuento está sucediendo en el Eterno Ahora. Usted, a quien conozco por varios nombres, y Yo, El Morya, recorremos ahora mismo cada una de las populosas calles de la capital jamaiquina. La temperatura es caliente y hay muchos turistas buscando, como nosotros, un lugar en el que refrescarse. Es colorido y alegre. Usted no recuerda todos los detalles y para facilitarle el proceso, en las próximas horas verá el rostro y el nombre de Bob Marley en una camiseta, en un pegadizo, en algún carro, en la televisión o en la vitrina de algún centro comercial. Esa es la señal que juntos hemos acordado para que usted pueda poner de lado la duda y celebrar su participación activa en este proyecto colectivo.

En esta visita interdimensional a Jamaica, Yo, El Morya, le comunico que Bob Marley -esa enigmática superestrella de la música internacional- es Uno conmigo. Seguramente, usted ahora se pregunta qué quiero decir cuando digo 'Uno conmigo'. Para que tenga una idea, le diré una frase que estoy seguro le ayudará a entender esta relación tan especial. Puedo asegurarle que Bob es 'mi discípulo amado' para este momento planetario. ¿Y qué significa ser 'un discípulo amado'? En este caso tan particular, significa que Bob, El Marley y Yo, El Morya, acordamos realizar un trabajo que tenía como meta activar una parte importante de las energías que serían necesarias una vez ocurrida la Convergencia Armónica de 1987. Ese trabajo se está cumpliendo al pie de la letra, con la ayuda de usted y de los amigos que encarnaron junto a El Marley y que son nuestros colaboradores de otras vidas.

Quiero que juegue con las letras de nuestros nombres para que le quede claro que es acertada la intuición del abuelo Omeriah, de su madre Cedella y de su compañera de vida, Rita[2], cada cual muy sensitivo a la energía de profeta que emana del campo energético de Bob.

BOB MARLEY

E + L = EL

M+O+R+Y+A = MORYA

BOB MARLEY = EL MORYA

¿Puede ver ahora porqué Bob Marley y Yo, El Morya, somos Uno? Es mi alegría y mi honor que así sea. El Marley -como llamo a esa parte del Ser que verdaderamente Soy que me

---

[2] Abuelo, madre y esposa de Bob Marley respectivamente.

es tan querida- tiene una vitalidad, un colorido y una energía de vida que no deja rincón de este Planeta y de este Universo en la que no penetra. En todas mis encarnaciones, Yo, El Morya, siempre quise vivir así. Amo vivir lo que pienso y ser lo que Soy. Amo dar rienda suelta a las experiencias de vida y Bob es la manifestación más libre que jamás haya habido de mi energía, mi vibración y mi conciencia a lo largo de las centurias.

Ya usted se ha dado cuenta de que sobran las dos letras B del 808 que representa el nombre de BOB. Eso también puedo explicarlo, aunque usted ya lo sabe. Recuerde que todo esto Usted y Yo ya lo hemos conversado a profundidad. Esas letras no sobran. Son un código. Marcan, identifican y señalan una energía muy específica que tiene que ver con la energía, vibración y conciencia del Ser que Yo Soy, y que Bob, El Marley, ancló y activó en su personalidad mientras estuvo de servicio en la Tierra.

El 8 es el símbolo numérico que representa el movimiento infinito de la energía. Tiene un centro que permite que la energía se recoja en sí misma y se reconfigure en ruta hacia lo que ustedes podrían llamar otro espacio dimensional. Sin embargo, cuando la energía no ha alcanzado ese moméntum que le permite expandirse hacia ese infinito exponencial que está representado en el 8, no tiene otra opción que moverse en círculos, que son representados por el símbolo que identifica y señala para usted el número - la letra- 0, que se corresponde con la Tierra.

Yo, El Morya, voy a explicarle a usted en qué consiste esta codificación energética en la música de El Marley. Los que son músicos y se especializan en el manejo de las octavas y las notas musicales podrán llevar su curiosidad mucho más allá de lo que les indico. Marilya tiene buen oído musical que trae de otras vidas, pero en esta, (risas) -y no es una queja-, no tiene la formación musical que le permitiría adentrarse en los detalles técnicos que conforman el mundo de los silencios y los sonidos. Otros lo harán a su debido tiempo.

Los sonidos son una manifestación de movimiento de la misma manera que los silencios dan la impresión de que son energía en reposo. Pero nada está en reposo en este

Universo. Todo emite una nota y ese sonido es parte del coro de la creación. Ese movimiento de la energía infinita que significa el 8 se torna circular cuando entra a un espacio energético que está desasociado o separado de la totalidad de la creación. Ese espacio energético del que estoy hablando y que estuvo desasociado de la música de las esferas se llama planeta Tierra.

Yo Soy conocido como El Morya en la octava de los maestros ascendidos a la cual usted también pertenece desde hace algún tiempo. Se me conoce sobre la Tierra como servidor de reyes en las personalidades de Thomas Becket y Thomas More, en la Bretaña de la época monárquica, y otra vez como Thomas Moore, el poeta de la Irlanda de mis amores. Los poemas surgidos de mi corazón enardecido han sido musicalizados y cantados por muchos en todo el mundo, lo que me complace y honra. Así que la Humanidad entendió que lo más apropiado en este momento cósmico, era lograr alguna forma de transición vibracional que garantizara que la energía infinita que está atrapada en el círculo (la Tierra), desarrollara moméntum y se derramara de regreso hacia el espacio de las energías infinitas, hacia la Fuente.

Fue determinado que la música sería el vehículo más afín al trabajo que se decidió realizar, y todavía mucho más con los adelantos tecnológicos de final de milenio que permiten que una melodía de la vuelta al mundo en tan sólo segundos. Haga memoria, amigo mío, pues usted estuvo allí junto a mí Ser, El Morya y junto a Bob, El Marley, en toda esta sesión de planificación de los trabajos de final y comienzo del milenio.

Ahora bien y esto es importante, el Código Bob, el Código Musical 808, tenía que ser desarrollado y puesto en vigor en total resonancia con las energías humanas presentes en el planeta. Aquí es donde Robert Nesta Marley, El Marley, entra a jugar su papel fundamental. El código musical estaría impreso, algo así como esculpido, en el campo energético y en el nombre por el que sería conocido El Marley. El código musical estaría compuesto de energías muy antiguas, que lograron su mayor grado de intensidad hace aproximadamente unos 2442 años.

La razón para que esta configuración energética tuviera tal poder de activar energías tan antiguas, es que estas energías se corresponden con un colectivo de seres humanos que actualizó el conocimiento cósmico entre aquellos que buscaban la unión con la Inteligencia Una de este Universo durante el importante período histórico previo al nacimiento del Cristo Jesús. Ese colectivo humano, del cual usted es una parte muy querida, ha estado encarnando masivamente a partir de la segunda mitad del Siglo XX. Son los 'kamikases' del Espíritu, los Suicidas del Espíritu, el Escuadrón Elite, los Servicios de Inteligencia del Espíritu, los que han hecho de todo y en todos los lugares, para adelantar la causa de la ascensión humana. Son los que abren camino para facilitar la ruta a los que siguen después y el trabajo más duro lo realizan sin saber que se están dedicando a ello. Así es la dualidad terrestre y así de grande es su compromiso con el Más Alto Bien en este Universo.

El código musical tendría la posibilidad de actuar en todo tipo de espacio y ambiente terrestre, puesto que la música es parte integral de todos los espacios en los que la Humanidad habita. Además, el código debía tener la habilidad de disolver las fronteras que separan el mundo del Espíritu del resto de los espacios en los que el Ser Humano despliega la energía de vida de su personalidad.

¡Magistral! En verdad es una obra maestra que apenas comienza a desplegar sus posibilidades de asistir a millones de personas en todo el mundo. Es la continuidad del trabajo que se inicia con la música de la agrupación que usted conoce como los Beatles. Ahí también está contenida mi energía lemuriana, que es la misma de usted. Sin embargo, el periodo histórico que se corresponde con la frecuencia energética que activa la música de los Beatles pertenece principalmente a la Atlántida y por consiguiente al antiguo Egipto. Contiene un componente oriental muy poderoso, que es la razón del resurgimiento en los países del norte de occidente de las prácticas y filosofías de la India y otros países orientales durante el periodo de gloria musical de los Beatles. Busque el diccionario y encontrará que la palabra inglesa 'beetle', que quiere decir 'escarabajo', en su forma plural se pronuncia en todo el mundo exactamente igual que 'beatles'.

El escarabajo es el símbolo del renacimiento en el antiguo Egipto. Es un símbolo que me es muy querido y con el que trabajo intensamente en mis días de pirámides y faraones. En estos días de ciencia terrestre puede ser descrito como un insecto que acelera el proceso de descomposición y (risas) muy bien podría constituir el símbolo del reciclaje.

¿No es eso acaso lo que ha ocurrido en el planeta a partir de la década del 50? Los Beatles no sólo anuncian la descomposición política, económica y social de fin de milenio, también anuncian el nacimiento de una nueva Humanidad. El 'beat' musical de los Beatles contiene una clave musical, un latido musical, que pregona que el Ser Humano, en medio de su proceso reciclatorio, puede seguir el compás, el ritmo cósmico, y caminar colectivamente en total resonancia y armonía hacia las alturas de su diosidad.

En el Código 808 de El Marley el componente del despertar espiritual se ha llevado un paso más allá a través de la re-activación y re-escritura de las energías espirituales lemurianas que cada uno de ustedes lleva impresas en sus campos energéticos. Este patrón energético se despliega con mayor intensidad en este lado del mundo, luego del periodo evolutivo egipcio.

La música que El Marley codifica es la que ustedes conocen principalmente como 'reggae'. En español Bob la describía como la música de la 'realeza' y en inglés significa lo mismo, pero surge de la palabra 'regal'. Deben entender la palabra 'realeza' como una metáfora de la Humanidad, de los que han heredado la Tierra mediante su igualdad y semejanza con el Rey y la Reina, que son las polaridades masculinas y femeninas de la Deidad. El "reggae" de El Marley está codificado de una manera que mueve las energías del individuo hacia el balance, hacia el centro, hacia la neutralidad, hacia lo que Buda llamó en su tiempo el Camino del Medio.

El movimiento de las energías armónicas de esta música codificada es pendular. De izquierda a derecha, de adelante hacia atrás y una vez gana moméntum la energía toma una ruta que tiene forma de 8, en perfecta resonancia con las avenidas interdimensionales del Universo. Esos movimientos vibracionales son los que se van activando en el campo energético de los humanos que se abren a su influjo. Luego de un tiempo de exposición a las frecuencias armónicas de la música de El Marley, el paquete se abre, el Código 808 se activa y el individuo despierta a una visión, perspectiva y experiencia del mundo totalmente exponencial.

Como le indiqué durante nuestra conversación, la conciencia de la persona tiene un papel que jugar en todo este trabajo de transformación colectiva. Yo, El Morya, le aseguro que tiene que existir la intención del que escucha de sentirse uno con el espíritu de libertad y realización cósmica que esta música lleva codificado en su interior. Una persona que pasa por un centro comercial en el que se escucha a El Marley cantando "I Wanna Love You" -y es esta la primera vez que escucha la melodía- con toda probabilidad encontrará agradable y contagioso el ritmo y nada más ocurrirá, por lo menos en el tiempo inmediato.

Aunque este Ser Humano lleva en su interior la semilla del código, pues no es casualidad que se haya expuesto a la posibilidad de su apertura y activación - aunque de forma momentánea-, tiene que haber intención de cambio, permiso para la transformación, y así se logra que germine. Sin embargo, en una persona que está pasando por uno de los períodos iniciáticos habituales en el Ser Humano y que mediante la intención mueve su mundo de energías hacia la posibilidad de un salto cuántico, cada dosis de esta música codificada –a la que de alguna manera ha estado expuesto o se estará exponiendo- acelera la fricción de las energías internas hacia la activación del Código 808.

El sentido del tiempo se acelera en la Tierra en la medida en que la Humanidad acelera el paso en su proceso de transición hacia la nueva energía planetaria. Es usted quien le imprime velocidad al tiempo lineal que ha conocido en lo que ha sido su vida hasta el final de milenio. Mientras más joven es la persona y menos ataduras tiene en el mundo físico de las estructuras terrenas, más rápida es la activación del Código 808. Para una persona que se ha expuesto al Código BOB durante los días de su adolescencia temprana, las manifestaciones que evidencian que ha entrado en su periodo de plena activación se producen en mitad de los años veinte. Para el adulto que ya ronda los 40 años o más, la activación se produce luego de un tiempo en el que ha habido una pausa para repensar o reorganizar la vida. Esta pausa queda comprendida entre el momento en que se expuso abiertamente y con total intención a la frecuencia vibratoria que contiene el Código 808 –por lo general entre el final de los 20 años o ya entrado en los 30- y el momento actual en el que -a la luz de los acontecimientos en su vida- toma conciencia de su iniciación.

Es importante que Yo, El Morya, establezca que no es una recomendación que las personas se sometan rigurosamente a un periodo en el que no escuchen otra cosa que la música de El Marley. Esto es algo que simplemente sucede, no es una directriz a la que se tiene que obedecer. Bob lo deja saber cuando es preguntado sobre las transformaciones que abre para el individuo el mundo del espíritu que experimenta desde la filosofía rastafari. Con absoluta simpleza y profundidad El Marley contesta que "El que lo siente... lo sabe".

Lo anterior deja claro la naturaleza del trabajo que realiza el grupo humano del que hemos conversado en el inicio de este libro. Entre ustedes hay muchos que confirman lo que ya sabían y aceptaban, y otros que confirman lo que han sospechado por mucho tiempo. No obstante, ambos se han enviado esta larga carta que les escribo, como una forma de eliminar todo espejismo y toda duda. Son ustedes los miembros de ese colectivo de seres humanos con los que se ha acordado realizar esta tarea que podríamos llamar "músico-energética" y son ustedes los seres humanos que desde hace más de tres décadas –cada cual en su momento- han estado intuitivamente escuchando el llamado y creando las condiciones que propician la activación del Código 808.

Yo, El Morya, sé que muchos de ustedes dejarán escapar un gran ¡Lo sabía! luego de haber leído las palabras anteriores. Ese ¡Lo sabía! evidencia un reconocimiento a su proceso de madurez interna. Emerge de reconocerse como parte integral de un colectivo de seres humanos que requiere de herramientas para este momento de la evolución humana que no son ofrecidas por las corrientes dominantes al interior del sistema de sociedades terrestre. Son ustedes los que nunca se han sentido parte de lo establecido, aún cuando las circunstancias de la vida diaria le han mantenido ilusoriamente al interior de la conciencia de masas.

El colectivo de seres humanos para los que El Marley realiza su contrato es diverso y se halla disperso por todos los países de la Tierra. Pertenecen a todas las culturas, profesiones, religiones y demás colectivos sociales. No está compuesto en su mayoría por el sexo masculino ni por el femenino. Digamos que tiende a ese balance pendular que ya se ha indicado hacia uno y otro lado.

Quiero que escuchen y lean ahora lo que Yo, El Morya, tengo que decir sobre este particular asunto. El trabajo de El Marley no es "negro" ni es "blanco". Lo ha realizado para mover precisamente esas energías extremas hacia el centro, y de esa manera alivianar en la vida individual y colectiva el proceso de re-escribir las antiguas energías de la Tierra, que arrastran un componente de polaridad racial significativo. Este componente de polaridad racial pesa en la vida colectiva tanto como pesa el componente de polaridad religiosa, porque la base de ambos es tribal. Son energías muy antiguas, ancestrales, que han estado arropando la Tierra por milenios.

El capitán Norval Sinclair Marley, padre biológico de El Marley, es blanco, de la misma Inglaterra que Yo, El Morya, tanto he caminado. La mujer que conocen como su madre[3] es descendiente de esclavos negros traídos hasta tierras del Caribe desde el continente de África en el que tantas veces Yo, su amigo El Morya, he vivido. Con el trabajo de El Marley, la Conciencia Colectiva de la Humanidad se propone asistir el proceso de alineamiento del triángulo de energías ancestrales que está representado racialmente en el planeta por el continente de África, el

---

[3] Cedella Malcolm es la madre de Bob Marley.

norte Anglosajón y los descendientes de ambos lados en América.

El Marley lo pone en marcha con un componente espiritual muy antiguo y común a todas las partes, que sostiene que cada Ser Humano es 'a imagen y semejanza' del Altísimo y por lo tanto el Ser Humano es inmortal, pues "Jah[4] nunca muere". El Marley y su grupo de colaboradores viven y cantan este proceso de re-escritura y alineamiento de sus propias energías decodificadas y llaman a ese despertar del Ser Humano el nuevo 'Éxodo', metáfora del actual proceso de cruce hacia la nueva energía de la Tierra.

Este tiempo de re-escritura de las energías humanas individuales y colectivas significa la liberación energética de los cautivos en Egipto y de los cautivos en Babilonia, y es la reconstrucción energética de la Jerusalén caída y destruida por la que tanto sufre y se lamenta el profeta Jeremías.

Ahora, si es de su agrado, quisiera que nos sentáramos a tomar un café al aire libre mientras disfrutamos de un tabaco. Todavía

---

[4] Jah es una abreviación antigua de Jehová.

nos queda mucho que caminar y el transporte que nos lleva hasta el poblado de St. Ann no pasa hasta dentro de un rato. ¿Le gusta negro o con leche?

Yo Soy El Morya. Y Así Es.

Jeremías y
The Wailers

"Yo, El Morya, podría estar hablando durante tiempo interminable sobre lo que la vida de Jeremías significa para este planeta, para este Universo y para mi, El Morya, pues en su personalidad hay aspectos de mi Ser que han estado secuestrados por las instituciones religiosas de la Tierra."

Jeremías y
The Wailers

No woman no cry.
No,,, no woman no cry - **Bob Marley** -

Bienvenido. Yo Soy El Morya. Para usted mi saludo del Corazón, Cabeza y Mano. Le agradezco que haya venido hasta aquí. Hasta este lugar en el que hablamos de cosas del corazón que le son muy cercanas porque tienen que ver con el Ser que verdaderamente usted Es en este momento de su evolución humana.

Para que podamos estar así de cerca usted ha tenido que hacer un gran trabajo consigo mismo. Esa es la razón por la que usted es un "trabajador planetario'. Así son llamados en este lado del velo los seres humanos que realizan toda clase de tareas y se someten a toda clase de experiencias a lo largo de incontables encarnaciones. Claro está, que sólo en muy pocas ocasiones usted se da cuenta de lo que ocurre. Pero desde su interior, la intuición le hace reconocerse como trabajador y por eso dedica vidas y vidas a trabajar en todo tipo de cosas; a veces de manera individual y otras veces en formas organizadas y colectivas.

Así llega el momento de madurez espiritual en el que actualmente usted se encuentra. Es un momento en el que siente que ha hecho de todo para usted y para los demás y su voz interior le dice que llegó el momento de organizar todas esas experiencias desde la perspectiva interna. Tiene que organizarlas para que no las siga reviviendo como si nunca hubieran sucedido. Recuerde que entre la muerte y nacimiento hay un lapso de tiempo que permite trabajar sobre todas las experiencias acumuladas. Sobre ellas es que usted y los que planifican con usted el regreso a la Tierra, trabajan en el.

diseño de lo que será su próxima expresión de vida planetaria y las posibilidades de evolución y desarrollo que tendrá a su alcance.

En la vieja energía de la Tierra, todo esto ocurría en los planos internos, en este lado del velo. Es un lugar que muchos de ustedes piensan que es la casa de Dios o el paraíso, pero que no es más que un gran espacio en el que se balancean las energías y se descansa por un tiempo de la experiencia terrena.

Anteriormente, cuando usted regresaba a la Tierra, ajeno a este ajetreado devenir del Ser que verdaderamente usted Es, lamentaba una y mil veces el hecho de encontrarse encerrado en el planeta y juraba una y mil veces que la próxima vez no regresaría. Por eso es importante que usted acepte que a usted nadie lo ha obligado a estar en la Tierra. Usted lo planifica todo con el contagioso entusiasmo del niño que se prepara para una fiesta de cumpleaños. ¿Puede creerlo? Pues acéptelo, amigo mío, porque su regreso siempre ha sido una manifestación del Amor Más Alto y Perfecto hacia toda la Humanidad.

Sin embargo, usted y muchos como usted han despertado una vez más, y como resultado de los trabajos humanos sobre el planeta, todo el proceso que le he descrito es diferente. El proceso de descanso y planificación que ocurría entre la muerte y el nacimiento, está ocurriendo actualmente en la vida de cada uno de ustedes, y a diferencia de los tiempos pasados, usted no ha tenido que abandonar la Tierra como parte de su proceso de reorganización vital.

En sus actuales circunstancias, sólo tiene que ir al interior a cambiar aquello que ya no interesa que sea parte del acuerdo de vida que usted ha hecho con usted mismo. Recuerde que usted lo planificó y que apenas podía esperar por la hora en que cruzaría el portal de salida hacia la Tierra. Así de grande y profundo es su amor por esta esfera planetaria y por los 'trabajadores planetarios' que la habitan junto a usted. Entonces queda claro que de nada valen los lamentos, pues las operaciones del Gran Espíritu sobre la materia están probadas y sustentadas por millones de años de experiencia universal, individual y colectiva.

Esa es una experiencia que Yo, El Morya, conozco muy bien a través del hermano Jeremías, el profeta de Anatot. Él, Jeremías, es profeta en tiempos muy difíciles. Su contrato en la Tierra de entonces parece irrealizable. La historia conocida por la mayoría de ustedes lo presenta en un constante lamento, en una constante agonía que dura 40 años, cuatro décadas. Padece mucho por la Humanidad y por sí mismo, implicado como se siente en un destino colectivo en el que -resguardado y protegido por el Espíritu-, no sólo es el espectador de situaciones desgarradoras en medio de la muerte y la destrucción de la guerra, sino que además siente la obligación de anunciarlas como parte de su contrato de vida. ¿Le parece sencillo? ¿Le parece fácil? Busque en su interior. Porque usted hizo exactamente lo mismo en más de una expresión humana y en diversos lugares del planeta.

***

Para la traducción de esta parte de la conversación, le solicito a Marilya que tenga a la mano algunos recursos que me asistan a mi, El Morya, a dar coherencia en el plano físico a lo que usted se ha mandado a decir. Así aparece la reproducción de una pintura de Jeremías hecha por el artista Miguel Ángel en la cúpula de la Capilla Sixtina, y he pedido que se utilice como ilustración para esta parte del libro. No es la que más favorece esa parte del Ser que verdaderamente Soy y que Jeremías manifiesta (risas) como un hombre guapo y elegante dentro de la generalidad del momento, pero le da una idea a usted de lo gruesa que es la coraza energética de sufrimiento y lamentación que rodea su persona durante siglos. Además, representa muy bien la vieja idea que la generalidad de los seres humanos tienen sobre el profeta Jeremías, como una persona totalmente oprimida bajo el peso del sufrimiento humano.

***

Yo, (emocionado) El Morya, podría estar hablando durante tiempo interminable sobre lo que la vida de Jeremías significa para este planeta, para este Universo y para mi Ser, pues en su personalidad hay aspectos del Ser que verdaderamente Soy que han estado secuestrados por las instituciones religiosas de la Tierra. Jeremías es una personalidad compleja; es una amalgama de las energías divinas y humanas más elevadas y excelsas de su época, todas ellas exteriorizadas a través de una intensa vida diaria y de un intenso servicio espiritual.

Aunque nunca se habla de ello, en el profeta Jeremías se expresa la alegría que genera la conexión con la Divinidad interior. En Jeremías se manifiesta la entrega del libre albedrío de su época a la Voluntad Divina. Él,

Jeremías, ayudó a expandir los canales de comunicación interdimensional de los cuales usted se está beneficiando ahora en su conversación conmigo. Es Jeremías quien a través de sus 40 años de peregrinar entre Jerusalén, Egipto y Babilonia, abre la puerta de la posibilidad al trabajo que El Marley realiza hacia el final del milenio.

Amigos míos, ¡celebren la vida de Jeremías! ¡Celebren los dones que estuvo dispuesto a recibir y dispensar desde el mismo corazón del Gran Espíritu! ¡Celebren el cumplimiento de su contrato con la Humanidad y con el Planeta! ... y ¡Liberen a Jeremías del sufrimiento y la lamentación!

Cuando liberan al profeta Jeremías se están liberando a ustedes mismos y me asisten a mí, El Morya, a liberar los aspectos del Ser que verdaderamente Soy y que quedaron atrapados en el estereotipo del jerimiqueo bíblico. En otra ocasión, quizá en otro libro, voy a decir las cosas que me gustaría que ustedes recordaran sobre Jeremías... si es que el viejo profeta lo permite. Son cosas que usted sabe, pero que está interesado en recordarlas en compañía, y ciertamente que sería un gran honor descorrer el velo de misterio que circunda a este cascarrabias del Espíritu.

No obstante, aunque la liberación de las energías asociadas a Jeremías es una tarea que me urge a mi, El Morya, y a él, Jeremías, tanto como le urge a usted, es claro que en este momento planetario hay más urgencia y necesidad de bajar al hermano Jesús de la cruz. ¡Bajen a Jesús de la cruz! Esa sí es una consigna que desata pasiones y revoluciones.

Las palabras de Jeremías son de poeta, ese aspecto del Ser que verdaderamente Soy que tan fuertemente se manifiesta en prácticamente todas las personalidades terrenas que han anclado mi energía en las diversas épocas. Hay belleza en sus palabras recogidas en la biblia. En El Marley este talento divino se manifiesta en una lírica que unifica en su música codificada el atributo profético y visionario de antaño con el atributo liberador del Código Bob. Se ha dicho antes que el contrato de vida de El Marley es asistir el proceso de mover la energía de sufrimiento y lamentación que se ancló en un determinado periodo histórico de la Tierra hacia su liberación definitiva. Hacerlo es importante, pues es parte de la asistencia que se ofrece a una parte de los seres humanos que –a partir del momento de la Convergencia Armónica, ya entrando al final del milenio- continuaban arrastrando una configuración de desbalance impreso en sus energías individuales y colectivas, cíclicamente activa por los últimos 2,500 años de historia de la Humanidad.

(Jocoso) Es hora de una clase. ... Vamos a buscar en el diccionario de inglés a español hasta que encontremos la palabra 'wail' -de la que surge 'wailers– y que significa 'lamento', 'agonía', 'pena' y 'sufrimiento'. Palabras todas por las que se conoce a Jeremías, y de las que se desprende el nombre del colectivo musical The Wailers, con quienes El Marley realiza el trabajo de activación del Código 808. El componente energético y espiritual que eslabona a Bob Marley y a Jeremías siempre ha estado a la vista de todos ustedes y fue evidente para más de uno de sus allegados.

Pero su importancia va más allá de la curiosidad humana en lo existencial y sobrehumano. Tiene que ver con millones de seres humanos que vivieron y murieron durante la emigración y cautiverio en Egipto; que vivieron y murieron en la Jerusalén destruida por Nabucodonosor y que vivieron y murieron durante la experiencia del exilio forzado en Babilonia. Vivieron y murieron varias veces en esos mismos lugares y todos acordaron que sucediera de ese modo. Era un contrato individual y colectivo que ayudaría a la liberación definitiva de la Humanidad.

Este grupo poblacional lleva en sus memorias celulares las palabras de lamentación y los sufrimientos de Jeremías, el profeta de Anatot. Sin importar el tiempo transcurrido, se sabe que por correspondencia vibratoria son receptivos a la energía del profeta, sin importar el lugar en el que se encuentren expresando sus vidas, pues esa antigua energía es la misma que hay codificada en los átomos y electrones de sus cuerpos.

En la actualidad, en el presente, en este preciso momento planetario, este grupo de seres maravillosos y luchadores se corresponde energéticamente con el triángulo que conforman Egipto, Jerusalén y Babilonia en la noche de los tiempos. Este es el triángulo que en su expansión milenaria ha ido cubriendo vastas áreas del planeta. Son todos seres humanos con una misma raíz, con una misma historia. Son miembros de un mismo colectivo humano, sin importar el color de su piel de encarnación en encarnación.

En la configuración cósmica y planetaria no hay diferencias entre unos y otros. Pero en la Tierra siempre encarnan en grupo. Unas veces el grupo se corresponde con una zona específica del planeta, una tribu, un pueblo, una nacionalidad o un continente. En los últimos siglos han estado encarnando como miembros de los grupos que conforman las distintas razas en todos los continentes, principalmente negros y blancos. Como le he dicho, la separación racial entre negros y blancos -junto a las polaridades femeninas y masculinas y a las polaridades espirituales que representan el Islam y el Cristianismo- son los componentes duales que más activos han estado en la Tierra en los últimos siglos.

Hubo una época, muy en el principio -cuando apenas se vislumbraba la existencia de las doce Tribus de Israel y de la Tierra Prometida como una probabilidad- en la que este colectivo humano encarnó en un lugar y una región muy específica, a partir de la cual luego se fueron mezclando. En un proceso que ha tomado miles de años, los descendientes de Abraham han ido poblando la Tierra y pasando de generación en generación la semilla del Nuevo Ser Humano que llevan en su interior. Este colectivo humano comienza el proceso de reconocimiento y aceptación de su linaje cósmico y divino a partir de la familia del Patriarca.

Yo, El Morya, estuve allí en el principio, fui parte del proceso a lo largo de otras tantas personalidades y porque he sido partícipe de los acontecimientos humanos y sobrehumanos, puedo ver con absoluta claridad que la labor que se realiza junto a quienes me son tan queridos y tan amados entra en su proceso de madurez durante el periodo en que estuvo de servicio el profeta de Anatot.

¿Me creería si Yo, El Morya, le digo que los hombres y mujeres de piel negra son judíos? ¿Puede usted aceptar que todos y cada uno de ellos han sido, desde el principio, parte de lo que luego se llamó 'el pueblo elegido'? ¿Y si le digo que ellos fueron los primeros... que fueron la porción de la Humanidad que sirvió de base real para lo que luego de muchos siglos se ha venido a llamar el 'pueblo de Israel'? ¿Me creería si le digo que toda la Humanidad constituye el 'pueblo elegido'?

Abra los portales interdimensionales de su Ser y encuéntrese usted mismo en cada uno de los periodos históricos de los que hemos estado conversando. Saque su Niño Interior a jugar con lápices de colores y asístase usted mismo a recordar que en la creación el Negro es el Todo y la Nada Primordial de la que Todo surge porque lo contiene Todo. Acepte que el Ser Humano es el resultado de un proceso creativo que no escapa al cumplimiento de las leyes que rigen cada estadio de los procesos creativos del Universo. Felicítese por haber llegado al punto de madurez desde el que le es posible participar concientemente de su proceso de iluminación y de su propio salto evolutivo.

Igual que el profeta de Anatot, El Marley vive toda su vida inmerso en poderosas energías interdimensionales. Estuvo inmerso en intensas energías divinas que –igual que sucede con cada uno de ustedes- le sostienen y le asisten en su trabajo terreno. Se encuentra en Kingston, en el poblado de St. Ann, en la ciudad de Detroit y en Londres, al mismo tiempo que se encuentra en Jerusalén, en Babilonia (Irak), en Egipto y en el Monte Zión. Trabaja incansablemente en el proceso de codificar su música y todo el tiempo tiene que ir hasta el lugar en el que se encuentra la energía raíz que le da razón de ser y poder a su labor.

El Marley pasa largos periodos fuera de su cuerpo. Llega a temer que su físico no soporte la poderosa carga energética que su trabajo demanda. Se halla todo el tiempo magnetizado, electrizado, y se alivia cuando su pasión explota ante las multitudes. Entonces derrama en el Ahora -como una fuente abierta desde el infinito- todo lo que ha estado trayendo a través de los largos pasillos interdimensionales.

Es el resultado de sus largos periodos de introspección y de sus interminables noches de vigilia. En el escenario su cuerpo no pesa, la gravedad se suspende, y sus movimientos son livianos y tiernos, consciente de que lo que entrega es la esencia, el espíritu, el perfume más delicado de la flor de lis de la Humanidad. Su voz se quiebra de amor fraternal y se torna profundamente melodiosa y consoladora. Muchos sanan en sus conciertos y miles sanan escuchando su música. Sanan dolencias del alma muy viejas y muy antiguas.

Yo, El Morya, le visito muchas veces desde el momento de su nacimiento y estoy todo el tiempo al lado de Bob en los años de entrega absoluta a su tarea liberadora. Mi energía, vibración y conciencia se hallan integradas a su campo energético hasta el final de su vida terrena. El Marley está consciente de la presencia de cuantos le asistimos desde este lado del velo, especialmente del hermano Jeremías, y afinca su confianza en que nada puede pasarle a un Ser Humano que vive en resonancia con su Divinidad.

Cuando su trabajo florece, todo vestigio de temor o de duda ha desaparecido, y El Marley se halla la mayor parte del tiempo en este lado del velo y cada vez menos entre los humanos que le rodean en la Tierra. Se halla solo en compañía. Pasa mucho tiempo recogido en sí mismo, mientras es sostenido por la energía femenina de su madre y de su compañera de vida, necesaria para que pueda mantener su balance por el tiempo que todavía requiere su labor. También le asisten desde este lado del velo los amigos y seguidores que ya no están en la Tierra y que trabajaron en la planificación y ejecución de lo acordado.

Toda la vida y el trabajo de El Marley es interdimensional. Hay capa sobre capa de información puesta ahí, a disposición de los seres humanos que como usted, saben en su interior que cuando la trompeta suena se requiere de conocimiento sobre quiénes son, a dónde han estado y por qué se encuentran en la Tierra. La historia y el linaje de los seres humanos encarnados en la Tierra está codificada en la música de Bob Marley, y por correspondencia vibratoria ese código se activa en la persona que carga desde la antigüedad un patrón energético similar.

Amigo que a mi lado escuchas, Lector que aún no te decides a llegar hasta el lugar en el que siempre te espero, Yo Soy El Morya, y ya casi llegamos a St. Ann, el lugar en el que nació Bob Marley. Pero antes de caminar por los caminos de Nine Miles, te aseguro que en la vida y en la música iniciática de El Marley se halla una llave muy antigua que abre los portales de la sabiduría oculta de la Humanidad.

Ahora que ya lo sabe, permita que le seque el sudor de los siglos y que sacuda de su túnica el polvo de los milenios transcurridos.

Yo Soy El Morya. Y Así Es.

Sobre
El Ganja

"¿Sabe usted que la adicción no es una manifestación de debilidad por parte del individuo sino la evidencia de una desesperada búsqueda del mundo espiritual? ... ¿Sabe usted que estos seres humanos intuyen que en épocas pasadas la Naturaleza abrió para ellos los portales del conocimiento superior?"

Sobre el Ganja

El que lo siente ... Lo sabe.

-Bob Marley -

Saludos. Yo Soy El Morya. Para usted mi saludo del Corazón, Cabeza y Mano. Desde el lugar en que me encuentro me acerco a usted en este instante y sincronizo mi energía con la suya para que podamos reconocernos como en los tiempos pasados. Usted y yo hemos caminado esta Tierra en distintas épocas y en alguna de ellas hemos coincidido junto a muchos otros que como usted leen y escuchan estas palabras. Usted me conoce, aunque no puede precisar el momento exacto de nuestro primer encuentro y no puede establecer cuando fue la última vez que nos vimos.

Sin embargo, esta distancia entre usted y yo, El Morya, no ha tenido otro objetivo que permitir que usted culmine sus asuntos pendientes de la misma manera que mi Ser tenía que lograr la resolución de los suyos. Eso ya ha pasado, ya ha sido hecho, y ya no tiene que ser una razón para la aparente separación entre usted y este su amigo que le habla, El Morya. Nuevamente nos volvemos a encontrar, y nuestro encuentro significa que usted ha encontrado una parte muy querida y honrada de usted mismo, puesto que mi energía se encuentra permanente integrada al gran colectivo de energías humanas, a la espera de que cuantos me son tan queridos y tan amados, vuelvan a reunirse conmigo en estos tiempos tan maravillosos y luminosos para la Humanidad.

Para mi, El Morya, la experiencia es muy parecida a la suya, pues cuando Soy uno con usted, una parte muy querida de mi energía, vibración y conciencia regresa nuevamente a mi Ser. Esa energía que caracteriza nuestro reencuentro se halla contenida en los aspectos de su personalidad que usted busca integrar armoniosamente a sus actuales experiencias de vida, y también se halla contenida en los aspectos del Ser que verdaderamente Yo Soy y que me hacen "Uno Con Todo lo Que Es".

Lo que nos acerca en esta hora y lo que nos hace Uno en este instante, es un patrón energético que tiene nombre y que manifiesta sus atributos de diversas formas individual y colectivamente. Este patrón del que le hablo se llama Voluntad Divina, y es una energía sobre la cual trabajé intensamente en mis expresiones de vida hasta lograr su dominio absoluto y hasta lograr ser ella en Mi Mismo. La experiencia de la Voluntad Divina es uno de mis servicios a la Humanidad, y durante el tiempo que me tomó ganar la maestría de mis energías, la Voluntad Divina se tornó en la razón principal de mi trabajo y de mis esfuerzos en la Tierra. Por eso, la Voluntad Divina es el atributo principal por el que Yo, su hermano El Morya, Soy conocido.

Seguramente ya usted comienza a recordar los trabajos que tanto nos unieron y durante los cuales nos asistimos mutuamente en nuestros procesos individuales. Aquí no estoy hablando del bien ni del mal. Sólo estoy hablando de las experiencias de vida que le han conducido a usted hasta el actual momento de su evolución, y de las experiencias de vida que me condujeron a mi, El Morya, hasta el actual momento de mi evolución. Son esas experiencias las que nos han vuelto a reunir en el día de hoy, porque no es casualidad que usted esté escuchando y leyendo mis palabras, y tampoco es casualidad que Yo me encuentre sentado junto a usted sosteniendo su mano.

Cierre sus ojos, amigo mío, y venga hasta el lugar en el que siempre le espero a conversar de lo que usted quiere recordar mientras disfrutamos del tabaco y del café caribeño. Hoy va a necesitar más de un café, del más cargado, porque hoy vamos a conversar sobre un tema que todavía es tabú en muchos de los círculos de convivencia de la Humanidad. Por eso le pido que respire profundo y que expanda su conciencia hasta donde le sea posible, porque es imperativo dejar de lado el juicio y el prejuicio para poder conversar sobre la marihuana.

Le daré un tiempo a usted -y a nuestra escriba- para que se repongan.

(Larga pausa)

Querido Amigo: ¿Sabe de dónde surge el rechazo social, legal, político y moral a la marihuana que se manifiesta en su lado del mundo? Yo, El Morya, seré claro con usted: surge del miedo al Espíritu. Está fundamentado en el temor a lo espiritual. Es algo que comenzó hace casi un milenio, cuando la institución que ustedes conocen como la Iglesia Católica comenzó a asentar su presencia y sus prácticas en diversos lugares del planeta. Previo a ese período el uso de las plantas para la expansión de la conciencia había sido algo común en los templos mistéricos y en las escuelas de sabiduría de la antigüedad. Estas prácticas, que eran debidamente supervisadas y espiritualmente dirigidas, fueron y todavía son el fundamento de los misterios eleusinos. Las culturas orientales conocían muy bien estas verdades antiguas, y en algunos de sus libros de sabiduría ha quedado establecido que la iluminación podía lograrse con sólo meditar en presencia de una planta. Aún hoy es común encontrar referencias a estas técnicas de la antigüedad, que no tenían otro objetivo que lograr que la Naturaleza, codificada en la planta, comunicara sus secretos al iniciado, que así se abría a los secretos de su propia Naturaleza.

Es claro que en los templos y escuelas de sabiduría había conocimiento acumulado sobre qué plantas tienen los mayores efectos sobre la psiquis humana. Y demás está decir que el ambiente en el que se hacía uso de estas herramientas de la Naturaleza era un lugar que había sido preparado y que había sido elevado espiritualmente. Cuando estos conocimientos comenzaron a esparcirse entre las poblaciones, el vínculo hacia lo espiritual se mantuvo, y –aunque no era perfecto- los hogares eran en alguna medida una expansión de los templos y de las escuelas de sabiduría.

La expansión de los distintos imperios en los primeros mil años que siguieron al nacimiento en la Tierra del Cristo en la personalidad del hermano Jesús, pusieron una frente a la otra, civilizaciones enteras con distintas edades y en diferentes estadios evolutivos. En tales circunstancias, la exposición a las poderosas energías contenidas en las plantas no fue el resultado progresivo de una manifestación de las fuerzas de la Naturaleza que desde los templos de sabiduría se fue extendiendo hacia las comunidades a lo largo de cientos de años. Fue algo que quedó al alcance y disposición de miles de personas en otras áreas del planeta - por razón del choque ocurrido entre civilizaciones- y que tomó formas económicas concretas con el establecimiento de las rutas comerciales a través de las cuales estos bienes comenzaron a ser mercadeados.

Este proceso es similar y se corresponde en esta parte del mundo con el proceso de colonización y conquista del que ya hemos hablado. Sabido es que las comunidades indígenas de América advirtieron sobre el riesgo de liberar indiscriminadamente el poder oculto en la planta del tabaco, que todavía hoy es utilizado por las tribus americanas en sus más sagrados ceremoniales. Tenían conciencia de que el poder de la Naturaleza comprimido en la esencia de determinadas plantas es una fuerza que sólo puede ser contenida y manejada por un Ser Humano que se ha entrenado para ello.

Algo similar puede decirse del contrabando de bebidas espirituosas durante la misma época de colonización y conquista; de la posterior prohibición de estos espíritus en muchos lugares, y de lo que ha implicado para las comunidades indígenas de América – especialmente en las reservaciones- la liberación entre sus habitantes del espíritu encerrado en el interior de la botella. Esta misma advertencia ha sido hecha por los grandes iniciados de las comunidades indígenas de los Andes con relación a la liberación descontrolada del espíritu que contiene la esencia de la hoja de coca. Yo, El Morya, le pregunto: ¿ha visto usted un shamán que haya perdido el control sobre las energías que libera?. Si lo ha visto, amigo mío, entonces no es un shamán, sino alguien que recuerda vagamente haberlo sido.

Actualmente son millonarios los recursos que destinan los gobiernos del mundo para el manejo de los distintos tipos de adicciones que atan y controlan a millones de seres humanos. Es algo que tomará tanto tiempo en resolverse, como tiempo le tome a cada Ser Humano activar y ejercer su poder interior. Sólo entonces el Ser Humano tomará conciencia de que ya no requiere de nada externo para expandir su conciencia y aceptará que todo aquello que está buscando se encuentra en su interior.

¿Sabe usted que la adicción no es una manifestación de debilidad por parte del individuo sino la evidencia de una desesperada búsqueda del mundo espiritual? ¿De su nostalgia del Espíritu? ¿De su necesidad de regresar a la Fuente? ¿De su necesidad de regresar a Sí Mismo? ¿De su aspiración a ser Uno con Todo lo que Es? ¿Sabe usted que estos seres humanos intuyen que en épocas pasadas la Naturaleza abrió para ellos los portales del conocimiento superior?

Estos seres humanos tienen en sus memorias celulares, en sus archivos biológicos, información sobre las épocas pasadas en que fueron guiados en sus experiencias de expansión de conciencia y fueron asistidos y preparados para ganar el control de las energías que liberaban. En esos tiempos activaron su poder interior en la misma proporción en que sus herramientas de expansión de conciencia iban liberando los secretos de la esencia-espíritu que les da vida. Pero ese conocimiento interior no ha sido traído por estos individuos desde los archivos de sus propias energías espirituales y humanas para ser utilizado en esta vida. No ha habido nadie que les guíe, y ellos sólo intuyen vagamente que lo lograron en otras expresiones de vida.

Amigos míos: todo esto que les digo no tiene otro propósito que abrir sus mentes y sus corazones a un mayor entendimiento de los poderes de la Naturaleza, y del poder que tiene el Ser Humano como aliado y parte de esa misma Naturaleza. Todo esto no tiene otro fin que hacerlos concientes del poder interior que cada uno de ustedes tiene para manejar sus experiencias de vida de la manera más liberadora, y de lo que sucede cuando usted se enfrenta a estas experiencias totalmente desprovisto de poder interior.

En este momento, si usted así lo quiere, manifieste su intención de activar e integrar todo el poder liberador acumulado en su interior a lo largo de sus miles de expresiones de vida en este planeta. Es la manera en que puede darse permiso para mayores niveles de libertad, pues desata desde su interior poderosas energías que se corresponden con usted y que están a la espera de manifestarse en perfecta resonancia y alineación con el Ser Humano que es usted en este momento.

Ahora Yo, El Morya, voy a revelar algo que a muchos de ustedes no les será fácil aceptar. Respire profundo y expanda su conciencia. Es hora de recordar los caminos por los que usted ha caminado, como una manera de integrar la sabiduría de esa experiencia en el eterno Ahora que usted vive.

(Pausa)

La planta de marihuana se conoce como ganja, una palabra que deriva de la misma raíz que da nombre al Río Ganjes. Este cuerpo de agua que nace en las montañas del Himalaya se ha considerado sagrado y es uno de los lugares en donde crece abundantemente la planta de marihuana. El aspecto femenino de la figura arquetípica de la Madre Ganja, de la que todo lo vivo surge, y que es el equivalente a la Madre Gaia que cada vez más se conoce en este lado del mundo, ha permanecido intacto en los alrededores del Río Ganjes desde tiempo inmemorial.

En el país de Irak la planta de marihuana aparece esculpida en todo tipo de ornamentos, pues durante siglos formó parte de los ceremoniales religiosos del pueblo judío. Hace miles de años, en el lugar que se conoció como Ur, nacieron los hijos del profeta Abraham, y sus descendientes dieron nacimiento a lo que ustedes llaman "las doce tribus". En los ritos ceremoniales de la época del patriarca hebreo, el uso de la planta de marihuana como incienso se consideró sagrado por haber sido heredado de sus ancestros. Entonces esta planta era conocida como "kaneh", y luego de una evolución de miles de años de la raíz lingüística "kan", se le llama "cannabis", que es la palabra que usted escucha en estos días.

De esta sílaba raíz -"kan"- que luego se tornó en "can", surgen muchas correspondencias y analogías que sólo el poder interior es capaz de revelar al Ser Humano que como usted está listo para recordar y re-escribir su propia historia. Recuerde el "can-cerbero". Recuerde el "perro de Dios" o "Domini-can", cuya energía dio nombre a los monjes dominicos y que también se corresponde con el país que usted conoce como República Dominicana. Recuerde el "can-delabro" judío y recuerde al "Can-aa" de Moisés. Recuerde que el "can" es el perro que identifica a las constelaciones Can Menor y Can Mayor, y recuerde que el perro-can fue identificado y venerado en la antigüedad egipcia y griega como una correspondencia con la brillante estrella Sirio.

Yo, El Morya, se que usted puede encontrar sus propias analogías y correspondencias. Aquellas que surgen de su historia individual de miles de años en esta Tierra y en este Universo. Sólo le asisto a recordar que usted tiene y siempre ha tenido ese poder en su interior. Toda esta información ha quedado expuesta y a la vez oculta en la biblia y en muchos otros libros de sabiduría antiguos, aunque pocos han entendido el significado real de lo que ahí está contenido. Esto ha sucedido de esa manera porque la Humanidad no se hallaba lista para encontrarse a sí misma como lo está ahora. Antes del final de milenio el Ser Humano se encontraba de viaje, lo más lejos posible del Ser que verdaderamente Es, mientras que en este nuevo milenio se encuentra de regreso al Ser que verdaderamente Es.

Ahora quisiera hablarles de ese momento importante en la historia de la Humanidad, que expone de manera clara lo que ha sucedido con la penalización, prohibición y criminalización del uso de la planta de marihuana. Les hablo de la época de las cruzadas y especialmente de los Caballeros del Templo. Usted sabe que estos caballeros se convirtieron en "los que no pueden nombrarse" para la iglesia de aquellos días y que fueron acusados y hallados culpables de realizar prácticas también "innombrables".

Sepa usted en este momento que una de esas prácticas que tan virulentamente desató la ira de la Iglesia Católica, Apostólica y Romana lo constituyó el uso de la marihuana en los ceremoniales internos de la Orden del Temple.

Yo, El Morya, le revelo a usted desde el Eterno Ahora en que me encuentro, que la liberación de las energías contenidas en la planta de la marihuana –que se conocía en esos tiempos como hashis- por los miembros de la Orden del Templo, fue el motor que propició la profunda y acelerada expansión de conciencia espiritual que manifestaron estos caballeros, y que esta orden de caballería desenterró de la Gran Mente Universal conocimientos arcanos para los cuales no estaba preparada ni la iglesia ni la sociedad. Como consecuencia, con la persecución y muerte a los caballeros de la Orden del Templo, el temor y el miedo más espantoso a sumergirse en las profundidades del Espíritu por medio de ésta y otras herramientas de la Naturaleza quedó incrustado en el gran colectivo de las energías humanas, y muy especialmente en el patrón de energías colectivas que se corresponde con el grupo humano al cual usted pertenece en esta vida. Esa es la razón para que por más de quinientos años el Ser Humano haya experimentado a través de las instituciones religiosas las formas más irracionales del miedo, la condena, la prohibición, y demás formas de inquisición.

¿Ve ahora más claro de dónde surge el patrón energético que activa el miedo espiritual asociado al "cannabis" que ha permeado en sus grupos sociales a lo largo de casi un milenio?

Queridos míos, mis amigos, todo en la Tierra es sagrado. Tiene usted ante sí la oportunidad de dejar ir de una vez y para siempre las energías asociadas a la inquisición y todo lo que de ella derivó. Tiene usted ante sí la oportunidad de reconciliarse con la sabiduría de la Naturaleza, y de recordar y adentrarse profundamente en las leyes de la Ciencia del Espíritu. Respire profundo en varias ocasiones y -con la asistencia de los facilitadores angélicos que se hallan a su servicio- deje ir de forma amorosa las energías asociadas a estas experiencias de vidas pasadas que desde hace tiempo están en espera de resolución. Abrace la comprensión de esas experiencias como algo que se entendió necesario para la evolución humana y deje ir el miedo espiritual como algo que ya no es necesario arrastrar.

Entienda que en este momento cósmico y planetario la liberación de ese cúmulo de energías es gradual, en el mayor orden, en la mayor armonía y en total resonancia con las energías de cambio y transformación que abrazan esta dulce Tierra. Si puede verlo de esa manera, entonces podrá comprender que el momento de su liberación ha llegado, y que esa es la razón por la que tiene mis palabras antes sus ojos.

Yo, El Morya, ahora quiero llevarle un poco más allá y quiero asistirle a ver el juego de las apariencias terrestres. Saque nuevamente el tablero de 'scrabble' y vamos a jugar con los sonidos que contienen las palabras. Organice las maderitas para que lean "marihuana". Cuando esté listo, vea que ahí está "María", la madre de Jesús; y está Ana, la madre de María. Vea también que está

"Mariana", "Miriam" la hermana de Moisés y que también está "Juana"... Siga mirando con su ojo interior, y tome nota de que en la palabra "marihuana" se halla "Hiram", el constructor del Templo de Salomón. Luego vea como, de forma permanente, la "A" se queda del lado de la "I" y cómo la "H" continúa siendo "J".

MARIHUANA
MARIA—JUAN

Medite y profundice en estos dos nombres. ¿No le recuerdan lo que han llamado el "misterio templario" y que propone el culto a María Magdalena y a Juan el Bautista? ¿No le recuerdan estos nombres los innumerables escritos y las inacabables teorías que persiguen echar luz sobre las alegaciones de que los templarios tenían en su poder "un gran secreto"?

Los que conocen de alquimia saben que "El Hermafrodita" representa las energías femeninas y masculinas integradas en un mismo Ser. Representa el balance, la neutralidad. Es el sexo indiferenciado. Vea que hay energía masculina y femenina tanto en el nombre de María (Hiram) como en el de Juan (Juana, Ana).

Le hago claro que Yo, El Morya, no le estoy recomendado a usted utilizar marihuana como una herramienta de expansión de conciencia. Tampoco le estoy recomendando que no lo haga. Sólo cumplo con mi servicio de asistirle a liberar las energías asociadas al terror y al dolor de la inquisición, y por consiguiente facilitar su regreso al mundo del Espíritu. Cada Ser Humano determina las experiencias que le son necesarias para llegar a ser Uno con el Ser que verdaderamente Es y Uno con Todo Lo Que Es. Entonces, llegado un punto, no necesitará de nada más.

Hay mucho más en esos nombres de lo que es posible exponer en este momento. Sólo quiero que usted tenga puntos de convergencia que le asistan en su viaje interior hacia la verdad única. Deje de lado las teorías conspirativas que se han venido tejiendo por cientos de años y que ya no son necesarias. Inhale profundo, muy profundo, para que pueda abrir gradualmente los portales de la compresión infinita que es su derecho de nacimiento. Así irá comprendiendo que en los sonidos y en las energías de los nombres de María y de Juan, codificados en la palabra "marihuana", se haya contenida la historia de los seres cósmicos que dieron nacimiento a esta noble Humanidad sobre la Tierra.

Yo Soy El Morya. Y Así Es.

El Abuelo
Omeriah

"Saint Germain no sale de su perplejidad humana del momento, cuando le entrego - con mis cumplidos- un disco de Bob Marley junto a una foto del abuelo Omeriah. Le explico que, entre otros, esos dos aspectos integrantes de mi energía son protagonistas fundamentales en el trabajo que se está realizando."

El Abuelo Omeriah

"One good thing about music,
when it hit you feel no pain"[1] **-Bob Marley -**

Le saludo a usted querido amigo. Yo Soy El Morya. Para usted mi saludo del Corazón, Cabeza y Mano. Vive usted y cuantos le rodean momentos inolvidables en la historia de la evolución humana. Son momentos en los que hay toda una porción de la Humanidad estirando su conciencia hasta el lado del velo en el que nos encontramos los seres que hemos sido humanos y los seres que nunca han sido humanos. Es una verdad cósmica que todos somos iguales, copias exactas de la Más Alta Inteligencia de este Universo. Pero en este momento cósmico,

---

[1] Algo bueno sobre la música… cuando te pega no sientes dolor.

los ángeles que han sido humanos sobre la Tierra son –se podría decir- un poco más famosos.

Todos les miran cuando pasan y les tratan con una reverencia especial. Esto no sucede así porque compongan un grupo de seres que es mejor o superior a los demás. Créame, en este lado del velo hay seres verdaderamente espectaculares; con sus colores y sus tonos y su radiación de amor siempre intensificándose. Pero cuando de asuntos terrestres se trata -como bien dicen ustedes en su lenguaje del momento- los que han sido humanos "tienen calle", pues saben de lo que se trata cuando se conversa sobre la Tierra y sobre la experiencia terrena.

En estos tiempos en los que el gran y vasto Universo se está transformando aceleradamente como consecuencia de la experiencia humana, no es exageración ni asomo de vanidad el hecho de que le asegure, amigo mío, que los humanos están de moda. Por eso el gran nudo de los tiempos se va desatando en cada uno de ustedes, y al descubierto queda el Ser maravilloso que vive los acontecimientos más maravillosos. Si usted así lo quiere, este es el momento de manifestar su intención hacia la pacífica resolución de todas las energías asociadas con usted dentro de la experiencia colectiva de la Humanidad.

Le voy a confiar algo. Hace algún tiempo me visitó mi querido amigo y hermano Saint Germain. De esto hace más de quince años. En su tiempo linear, para usted debió ser el año de 1985 o quizá 1986. Esa noche, entre tabaco y copas de brandy y coñac, -no es secreto para usted que me agrada la experiencia sensorial del tabaco y de las bebidas espirituosas- conversamos sobre el acontecimiento planetario que se avecinaba (la Convergencia Armónica ocurrida en agosto de 1987) y repasamos cuántos de nuestros amigos en la Tierra habían comenzado ya su proceso de despertar en su encarnación de turno a lo que sería su entrenamiento y servicio de final y comienzo del milenio.

Yo, El Morya, soy un Ser muy organizado y en este lado del velo, es mi sello ser el único especialista en la manifestación del Gobierno Divino sobre la Tierra con una vasta experiencia en los Gobiernos del Mundo. ¡Ahora se puede imaginar cómo me miran cuando camino por los corredores interdimensionales con ese 'currículum vita'! No es vanidad, pero ciertamente luzco esplendoroso. Mis colores se asemejan mucho a los de usted, aunque usted no se percata de que en este momento de conexión con la divinidad en su interior, usted brilla y refulge más que Yo.

Bien. Saint Germain vino a pedirme un informe del trabajo realizado. Vino a pedirme cuentas sobre las tareas que me había comprometido a realizar. Debe hacerlo así. Se ha echado encima la responsabilidad de coordinar los servicios que millones de seres humanos le solicitan diariamente para la realización de los trabajos en la Tierra. Afecto como soy a la cuantificación de materiales, a las estadísticas, a los análisis de riesgo, a los presupuestos y sobre todo al reclutamiento de los recursos humanos, puse ante sus ojos una lista en la que aparecían los nombres, los apellidos, y las direcciones físicas y de correo, -a Saint Germain le agrada enviar cartas y recordatorios- y hasta los números de teléfonos de los amigos en la Tierra con los que podíamos contar.

Usted no sabía lo que le estaba ocurriendo en aquel entonces, pero su nombre es uno de los que aparece en esa lista. Retroceda en el tiempo y remóntese hasta esa época, y verá cómo le sigo día y noche con la esperanza de que se produzca su reconocimiento y comience el proceso de recordar y re-escribir su propia historia.

Ya pasadas las once de la noche y mientras Yo, El Morya, servía el café que preparé para mi ilustre visitante, Saint Germain me pidió que le explicara cómo lo había hecho. Pensé que preguntaba por la taza de café de que tanto nos gusta a ambos y que ya degustábamos en la terraza abarrotada de tiestos de barro y enredaderas florecidas. (Si quiere, puede aprovechar este momento y mientras respira profundo, aprecie el embriagador aroma del café a su alrededor. Usted ha pasado por esta experiencia en muchas de las ocasiones en que he sido su anfitrión en esta misma terraza florida.)

Lo que Saint Germain interesa saber es cómo toda esa información ha llegado al expediente que le entrego y cómo me las había arreglado para estar tan al día en el contenido. Le expliqué que todo sería actualizado todavía más cuando fuera de uso común el correo electrónico y el teléfono celular, y le prometí actualizaciones diarias hasta el año 2012.

Saint Germain pide más detalles y Yo, El Morya, no quiero adelantar más de lo necesario.

Para ese entonces la dirección en la que se mueve la Humanidad cambia dramáticamente de día en día, y no es mi intención parecer demasiado optimista, aunque la realidad es que lo Soy.

Saint Germain insiste y Yo, El Morya, no suelto prenda. Ciertamente que el experto alquimista tiene acceso a toda la información con sólo alinear su energía, vibración y conciencia con la de El Morya. Ese es su campo de especialidad. Dado el hecho de que ambos resonamos en la misma nota divina no habría inconveniente. Pero recuerde que estamos reunidos como se reúnen los humanos en una junta de negocios, como lo hacen los socios en las empresas terrenas. Hay brandy para mi, coñac para él, y piscolabis, tabaco y café para los dos. Eso le da una idea de nuestra nostalgia y disfrute del momento. Así que nos atenemos a las reglas, hasta que -tal y como ocurre en las reuniones entre jefe y supervisado- Yo, El Morya, el empleado, tengo que decirlo todo al jefe, Saint Germain.

No tengo más opciones que sacar mis cartas de triunfo de la manga y ponerlas sobre la mesa. Saint Germain no sale de su perplejidad casi humana del momento, cuando le entrego -con mis cumplidos- una grabación e Bob Marley junto a una foto del abuelo Omeriah. Le explico que, entre otros, estos dos aspectos integrales de la energía del Ser que verdaderamente Soy, son los protagonistas fundamentales en el trabajo que se está realizando.

Entonces, el jefe le pide a su supervisado que ponga por escrito todo lo concerniente a Omeriah y a El Marley. Ese informe es el documento que le entrego a usted mientras recorremos los caminos de Nine Miles en Jamaica. Es el mismo documento que usted se sienta a leer muy cerca del árbol que el abuelo Omeriah consagra cuando nace El Marley y es el mismo que Yo, El Morya, leo ante la tumba de Bob en la reunión-celebración de todos los implicados en este proyecto interdimensional. El documento está dirigido a Saint Germain; firmado por mí, El Morya, con copias a El Marley y a usted.

Fíjese que no es mi intención que usted peregrine hasta estos lugares en busca de una iluminación y de una divinidad que ya es parte de usted. En conciencia usted puede ir a cualquier lugar del planeta y a la hora en que así lo desee. Sin embargo, comprendo la necesidad que todavía tiene el Ser Humano de ritualizar en el físico su experiencia espiritual. ¡Es algo que Yo, El Morya, extraño en este lado del velo!

En resumen, el documento explica mi relación con el abuelo Omeriah, desde mucho antes del nacimiento de El Marley como su nieto. Puede leerlo nuevamente si es de su agrado. Expanda su conciencia, venga hasta donde me encuentro si no tiene cerca la detallada copia que puse en sus manos. Ahí se encuentra claramente explicado que el abuelo Omeriah trabaja con mi energía vibración y conciencia en los años de mi última personalidad terrena, cuando se me conoce como el Maestro M. del Himalaya. Es ese tiempo Yo, El Morya, me preparo para la victoria de la ascensión que tiene lugar en el 1898, y en el proceso de resolución de mis propias energías terrenas, también se resuelven las de Omeriah, tan ligadas como están a las mías desde nuestra época en el antiguo Egipto.

El ser humano que se conoció en Jamaica como Omeriah es descendiente de las tribus Akan de África tanto por vía materna como paterna. Yo Soy El Morya Khan e igual que Omeriah, soy miembro de un linaje muy antiguo sobre este planeta que se remonta -más allá de Egipto, de la Atlántida y de la Lemuria- a los tiempos en que este planeta todavía no era. Igual que usted Yo pertenezco al linaje de Miguel, el arcángel que dispensa el conocimiento alquímico para la transformación de la conciencia.

Saque su tablero de "Scrable", póngalo sobre la mesa y organice las maderitas de manera que las letras conformen el nombre "Michael", que es el nombre de Miguel en inglés. Hágalo así y luego cambie el orden de las letras y vera lo que sucede.

Michael = Alchemi

¿Lo ve? Esa es la conexión entre el usted que está Arriba y el usted que está Abajo. Ese es su linaje arcangélico. Saint Germain, que es experto en el poder de la palabra hablada, me pide que le indique que en algunos idiomas la 'i' se convierte en 'y' griega para formar 'alchemy', como ocurre en el inglés; mientras que en otros, como es el caso del español, la 'ch' se convierte en 'q' para formar 'alquimia'. En latín es 'alchemiae', en alemán es 'alchemie', y en francés es 'alchimie'. Se puede continuar con otros idiomas que se pierden en la noche de los tiempos, pero creo que lo anterior es suficiente para que usted reconozca en la actualidad la conexión entre usted y su linaje cósmico.

Así es que Omeriah viene a la Tierra y a Nine Miles, como descendiente de una familia en la que los ancestros son parte fundamental en la vida cotidiana del Ser Humano y de la colectividad en que viven. Se amalgaman en el abuelo Omeriah energías tribales muy antiguas que se han mantenido activas de generación en generación, por virtud de la tradición familiar y del ritual iniciático. Como resultado de sus experiencias de vida en este planeta, Omeriah es un recipiente de energías colectivas muy específicas y muy calibradas con su entorno. Por eso es grandemente respetado en la comunidad por parientes y vecinos. Hay en Omeriah energía de patriarca y también hay energía de profeta. Ambas cosas le son transmitidas a El Marley desde el momento de su nacimiento.

Omeriah es extremadamente sensible a las energías que desde este lado del velo se derraman sobre su nieto, e intuitivamente conoce y acepta el papel que como abuelo le toca jugar en el proceso de iniciación de Bob. Sentado en el balcón de la casa solariega, lo mira con sus penetrantes ojos interdimensionales de sanador planetario. Bebe de la presencia de su nieto y respira de su energía en un intercambio que cada día les acerca más.

No esta sólo en su tarea. Su círculo íntimo y familiar le sigue y le acompaña, aunque a distancia. Todos se sienten y en sus corazones se saben parte de un proceso monumental. El viaje desde África está a punto de terminar, cuando parte de su milenaria carga energética, que va más allá del entendimiento humano y de las apariencias del mundo físico, se disperse por todos los confines de la Tierra como un poderoso campo de fuerza hacia la libertad individual y colectiva.

Ha sido largo el camino recorrido y han sido muchas las muertes y las vidas vividas. Y ahí están todos, sospechando que entre ellos crece uno que es diferente porque ha llegado el momento de que así sea. Porque es la hora señalada.

En su intención de conectar con su interior, Omeriah respira profundo, repite sus plegarias al Altísimo, establece el balance a la usanza de su milenaria tradición y mira a su nieto con los ojos del alma. Se esfuerza por entender desde la dualidad que le impide ver, el lugar que ocupa en el gran rompecabezas que conforma el 'gran plan' de la especie humana. Siente que se le ha confiado un cofre cuyo tesoro debe custodiar con su vida. Reconoce el valor de lo que sabe se le ha confiado, pero no le es posible ver con claridad lo que el cofre contiene.

Igual que Jeremías, el profeta de Anatot, Omeriah vive atribulado desde el nacimiento de El Marley, y tal y como ocurre con Bob, el abuelo se encuentra todo el tiempo yendo y viniendo desde su lado del velo hasta el lugar en el que Yo, El Morya, me encuentro. Aquí nos vemos muchas veces, nos reunimos, afinamos detalles. El Marley también viene. Es muy compleja la maquinaria que hace que los acontecimientos ocurran en la Tierra y este esfuerzo demanda la total dedicación y responsabilidad de todos los implicados.

Me refiero a la responsabilidad sobre los acontecimientos en el plano físico y a la necesidad de reacomodar las energías que permiten que las sincronías ocurran. Hay personas que conocer, lugares que frecuentar, decisiones que tomar y asuntos que resolver, tal y como ocurre con la vida de cada uno de ustedes. Esta no sólo es la manera en que la energía de vida de El Marley se despliega a lo largo y ancho de este planeta. Es la manera en que la energía de vida de usted también se despliega a lo largo y ancho de la Tierra.

En el abuelo Omeriah se encuentra muy presente la energía, vibración y conciencia de Jeremías. Es el mismo conglomerado energético que conforma la impronta de la humanidad de la época evolutiva que une a Jerusalén con Egipto y Babilonia. Esa es la energía que busca cerrar el círculo con una salida al mar, al agua, a través de la experiencia de la esclavitud y de la colonización vivida por millones de personalidades humanas en lo que hoy se llama América.

Son millones las personalidades humanas que fueron experimentadas unas veces como esclavo y otras como colonizador. Usted es uno de los millones de seres humanos que realiza esta labor de expansión de las energías humanas. Era una cita; un contrato. Véalo de esa manera. Las energías que se han llamado de conquista y de colonización tienen un componente espiritual fundamental del que participan todos los implicados. Esa fricción de las energías de un lado y otro es el caldo de cultivo de la evolución humana durante este importante periodo. Es parte fundamental del trabajo que ha traído a la Humanidad hasta este nuevo espacio energético que se inicia con el milenio.

Quiero que mire la manera en que se escribe Omeriah y que vea mi nombre, Morya, contenido ahí como parte del juego de las 'ies' idiomáticas del que ya le he hablado.

OMERIAH = EH(S) MORIA

ES MORYA

Ahora fíjese en la manera en que Miguel Ángel escribe el nombre de Jeremías en la pintura de la Capilla Sixtina.

HIEREMIAS = OMERIAH

¿Ve la energía? ¿Puede seguir la permutación de las letras? ¿Se da cuenta de por dónde venimos? En Hieremias la energía no esta contenida en el círculo que representa la letra 'O' -lo que sí sucede en Omeriah- pues el profeta de Anatot fue un ser humano extremadamente interdimensional mientras caminaba la Tierra. Sin embargo, también es cierto que su energía no se hallaba permanentemente conectada con el restante Universo, y es esa condición la que representa su 'S': un '8' en vías de cerrar y concluir su ciclo. El cierre de ese ciclo es justamente lo que El Marley mueve un paso más allá, con un 808 codificado en "BOB", el nombre por el que será conocido en todo el mundo.

En el idioma español, entre otros, la letra 'H' se convierte en 'J', y al pronunciar es la letra 'S' la que se convierte en 'H', lo que le permite a usted ver más claramente las energías del profeta de Anatot en las del abuelo de Nine Miles. Hay en Omeriah una síntesis de mis propias energías como El Morya, con otras energías que también se corresponden conmigo y que fueron ancladas y manifestadas en la Tierra por el ser humano que se llamó Jeremías.

Así es como mi energía, vibración y conciencia llega a través del plano físico hasta el humano que se llama Robert Nesta Marley, Bob, El Marley. Este ha sido un proceso que ha tomado cientos de años, y le da a usted una idea de la magnitud que representan los acontecimientos tal y como son vividos en el plano físico. Tenga en cuenta que le hablo de energía, no de personalidades. Es importante que lo entienda, puesto que esa será la perspectiva que adoptará de ahora en adelante para reconocer en su vida y en la vida de los que le rodean la manifestación de atributos que aportan y contribuyen a la evolución del Gran Colectivo Humano.

Cuando Omeriah regresa hasta este lado del velo, Yo, El Morya, le estoy esperando. Es un amigo querido y un colaborador maravilloso desde la dualidad del plano físico. Cuando culmina el proceso de integración de sus energías humanas recientes con sus energías angélicas propias, en más de una ocasión conversamos sobre el trabajo que por entonces realiza El Marley, y sobre la manera en que será asistido a partir de ese momento. Ya le he indicado que Bob viene en conciencia hasta este lado con más frecuencia y cada vez por más tiempo.

El trabajo de El Marley comienza a fructificar a finales de la década del 60, y para entonces la presencia de Omeriah se ha integrado al campo energético de Bob como su guía y facilitador principal desde este lado del velo. Omeriah tiene muy frescas todavía las experiencias terrenas y facilita grandemente las muchas sincronías que se producen para que Bob llegue a los lugares propicios en el momento indicado.

Le digo todo esto con la mayor emoción, pues esta experiencia que describo es la misma que millones de ustedes están teniendo luego de la partida de un ser querido y allegado. ¿Cuántos de ustedes se han dado cuenta de que muchas cosas suceden con relación a usted luego de que ha partido de la Tierra un padre, una madre, un abuelo o un hermano? Ellos le conocen mejor que nadie, saben de sus sueños y aspiraciones y saben cómo asistirles para que se haga realidad todo lo que usted anhela en su vida.

Quienes cruzan en estos tiempos hasta este lado del velo son los mejores guías que jamás haya habido para los humanos en el planeta. Muchos parten del planeta motivados con la realización de esta encomienda en favor de alguien que les es muy querido. Usted lo sabe intuitivamente aunque se le hace difícil aceptar la partida y la ausencia física. Luego regresarán a la Tierra, y será entonces usted quien aproveche su reciente aventura terrestre para asistirles en el proceso de ascensión que ellos tienen comenzado. En la Tierra todo asciende, todo se mueve hacia arriba, aunque millones de seres humanos no se percaten todavía de que la única razón para estar en la Tierra es la culminación del proceso de ascensión individual y colectiva.

Omeriah, mi querido amigo y colaborador de tantas vidas, se encuentra nuevamente de servicio en la Tierra. Es parte de la joven comunidad de trabajadores planetarios que desplegará sus energías de transformación individual y colectiva a partir del final de los tiempos en el año 2012. Dentro del tiempo lineal que usted conoce, ya se acerca el día en que recordará su linaje y se percate de mi presencia y de nuestra conexión de servicio milenaria.

Mientras tanto Yo, El Morya, aquí espero pacientemente y con el mismo amor y entusiasmo con que espero por usted. Sé que nadie se extravía en el camino porque ya no es posible que un sólo humano se extravíe en su ruta de regreso a casa. Todos van a transitar cómodamente los mismos senderos interdimensionales que usted contribuye a ensanchar todos los días y van a tomar los atajos que usted y otros como usted han desbrozado para todos aquellos que vendrán detrás.

Con mi túnica de gala y mi turbante diamantino, su eterno amigo, El Morya, le honra una vez más y le da la bienvenida.

Yo Soy El Morya. Y Así Es.

Palabras
Finales

"El Marley no se encuentra físicamente en la Tierra y no será posible que lo esté hasta pasado algún tiempo. La energía que sostiene su trabajo en la personalidad de Robert Nesta Marley sigue intensificándose todos los días y no es posible la distancia que se requiere para el desarrollo de una nueva personalidad terrestre."

Palabras Finales

"Mi música... Yo no sé lo que es mi música ...
Pero es más que música. **-Bob Marley** —

Desde el eterno Ahora en que me encuentro, Yo, su amigo El Morya, le extiendo mi saludo del Corazón, Cabeza y Mano. Me acerco a usted brevemente desde este espacio interdimensional para decirle que he puesto en cada una de las palabras de este libro la más alta radiación del Ser que verdaderamente Soy como homenaje y asistencia a cada uno de los hermanos que amorosamente participan de este proyecto de liberación colectiva.

En mi servicio como facilitador de las energías que permiten actualizar la sabiduría de las edades en la Tierra no he estado solo. Desde este lado del velo me acompaña el gran hermano y amigo Saint Germain y desde el otro lado del velo me acompaña usted, lector, y todos los que están cerca de nuestra escriba en la realización de este servicio. Pero es la presencia de El Marley la compañía constante durante todo el tiempo en que se trabaja esta traducción de energías hacia el plano físico, y a través de su música se logra la sincronía que ha dado como resultado las palabras que usted está leyendo y escuchando.

A lo largo de este libro he dado las dos claves principales que permiten identificar y aquilatar las energías que sostienen el trabajo de El Marley en el plano de la Tierra. La primera es la energía, vibración y conciencia de este su amigo que le escribe, El Morya. La segunda está velada en el conglomerado de energías divinas que identifican al profeta Jeremías, y sobre ella sólo se me permite conversar parcialmente, hasta que las energías se acomoden en una configuración propicia. No obstante, aquellos de ustedes que ya tienen oídos para oír y ojos para ver, encontrarán más que clara la referencia "al discípulo amado" y con ello habrán descifrado la totalidad de la clave.

El Marley no se encuentra físicamente en la Tierra y no será posible que lo esté hasta pasado algún tiempo. La energía que sostiene su trabajo en la personalidad de Robert Nesta Marley sigue intensificándose todos los días y no es posible la distancia que se requiere para el desarrollo de una nueva personalidad terrestre.

Desde este lado del velo El Marley trabaja incansablemente en la asistencia a cuantos son y serán en el futuro los amantes y seguidores de su música. En cada lugar en el que se escuchan sus canciones su energía facilita la apertura del Código 808 y con ello el despertar de miles de seres humanos hacia una nueva conciencia planetaria.

Dentro de varias décadas esta intensidad energética llegará al punto en que sostendrá su balance por sí misma, pues se habrá integrado poco a poco al gran colectivo de las energías humanas. Entonces El Marley dará por concluida su tarea como Robert Nesta Marley y -libre del servicio en el que tan amorosamente se ofrece- podrá considerar la posibilidad de regresar a la Tierra en una nueva personalidad.

Para entonces estarán adelantados los trabajos que liberan a Jeremías, el profeta de Anatot, del estereotipo energético del sufrimiento y la lamentación. También se estarán removiendo de forma acelerada los clavos que han retenido al hermano Jesús en la agonía de cruz y la paloma de la paz se habrá posado permanentemente en la tierra de Abraham.

Es así como el gran nudo de energías ancestrales y tribales que amarra a Jerusalén con Egipto y Babilonia -y que por tantos siglos sostiene en la más profunda dualidad a todo un planeta- queda liberado para siempre, gracias al trabajo sin descanso de legiones de ángeles que, como usted, se han vestido de humanos.

Suyo desde la Paz Perpetua, la Sabiduría y el Conocimiento Iluminado, queda este heraldo de la Libertad y de la Voluntad Divina.

Yo Soy El Morya. Y Así Es.

De Interés
Para El Lector

"Usted no sabía lo que le estaba ocurriendo en aquel entonces, pero su nombre es uno de los que aparece en esa lista. Retroceda en el tiempo y remóntese hasta esa época, y verá cómo le sigo día y noche con la esperanza de que se produzca su reconocimiento y comience el proceso de recordar y re-escribir su propia historia."

De Interés
Para El Lector

Poco después de haber terminado la canalización de "El Código Bob Marley", entregué el borrador a Nydia y Miriam Brugueras -creadoras y sostenedoras del Templo Hormigas- y les solicité su opinión abierta sobre el contenido. Varias semanas después Nydia me entregó un listado de hechos y datos históricos que ayudarían al lector a constatar la base histórica en la que se fundamenta "El Código Bob" y que está enmarcada principalmente en los cuarenta años en los que el profeta Jeremías camina por Jerusalén, Egipto y Babilonia.

Considero de importancia poner a disposición del lector esta información, más que nada para aquellos que –como yo- no son conocedores de la historia bíblica. No lo hacemos como una forma de autenticar el contenido del "El Código Bob Marley", que es algo sobre lo cual cada lector deberá discernir por sí mismo. Lo hacemos para ayudar a entender de la manera más concreta posible, que la resonancia que puede sentir cada persona hacia las palabras de El Morya, se debe principalmente a que la energía que determinó la intensidad de los acontecimientos de esos tiempos antiguos está codificada en nuestros campos de energía.

Se ha establecido por diversas fuentes que:

1- Babilonia es el país que hoy se conoce como Irak.

2- Mesopotamia, hoy Irak, es la cuna de la civilización.

3- El Jardín del Edén se encontraba en Irak.

4- Noé construyó el arca en Irak.

5- La Torre de Babel estaba en Irak.

6- El patriarca Abraham era de Ur, que ubicaba al sur de Irak.

7- En Jerusalén hay una montaña que se conoce como el Monte Morya.

8- Abraham viaja hasta el Monte Morya a ofrecer en sacrificio a su hijo Isaac.

9- El Monte Morya es el lugar en que ubicaba el Templo del Rey Salomón.

10– Babilonia, que ubica en lo que hay es Irak, destruye a Jerusalén.

11– El profeta Daniel estaba en la jaula de los leones en Irak.

12– El Rey de Babilonia, Baltasar, vio la 'escritura en la pared' en Irak.

13– El Rey de Babilonia, Nabucodonozor, lleva hasta Irak los cautivos en Jerusalén.

14– Los Tres Reyes Magos, Melchor, Gaspar y Baltasar, parten de Irak.

15– Al 'Imperio del Hombre' que se describe en las Revelaciones de Juan se le llama Babilonia, que fue una ciudad en Irak.

16– Irak es la segunda nación que más se menciona en la biblia, pero se le identifica como Mesopotamia y como Babilonia.

Otros Datos de Interés

También nos pareció importante poner a disposición del lector la siguiente información:

1– Según la "Amharic Bible", la palabra 'kan' identifica el tipo de hierba que se conoce como marihuana (ganja) y que fue traída hasta América por los españoles en el 1545. (Timothy White, Catch a Fire: The Life Of Bob Marley)

2– En la trilogía Lord of the Ring, de J.R. Tolkien, se hace mención de las Minas de Moria.

3– El Morya es conocido como 'El Gran Amigo' de la Humanidad y en la trilogía Lord of the Ring, de J.R. Tolkien, el 'santo y seña' que abre las puertas a las Minas de Moria es " Habla Amigo y Entra ".

4– La línea de la vida en la palma de la mano del emperador de Etiopía, Haile Selassie, formaba el número 8, que es el símbolo de lo infinito. (Timothy White, Catch a Fire: The life of Bob Marley)

5 - La héroe nacionalista de Puerto Rico, Lolita Lebrón, quien estuvo encarcelada durante 25 años en Estados Unidos, asegura que durante su cautiverio se materializó en su celda un ser que ella luego identificó como el emperador de Etiopía Haile Selassie.

Algunas de las personalidades que han exteriorizado en la Tierra la energía, vibración y conciencia de El Morya Khan.

♦El profeta Abraham en Irak

♦El Rey Mago Melchor en Irak

♦El emperador Akbar en la India

♦ El poeta Thomas Moore en Irlanda

♦ El canciller Thomas Becket en Inglaterra

♦ El canciller Thomas More en Inglaterra

♦ El Rey Arturo durante la época de caballería

♦ Maestro M. Del Himalaya en el siglo XIX

♦ El príncipe Mori Wong de Koko Nor en China

♦ El músico y compositor Bob Marley, en Jamaica.

124

Sobre Servio Bernal
Artista Gráfico
servio@revolution.com.co
www.revolution.com.co

Servio Bernal es un conocedor de la música y la lírica de Bob Marley desde su adolescencia. Actualmente es Director de Arte de la revista de música experimental mestiza Satélite Sursystem. También está dedicado a la docencia en el área del Diseño Editorial, y ofrece cursos a personas de escasos recursos pertenecientes a las comunidades vinculadas a los equipos de fútbol en Colombia: América y Deportivo Cali.

A Servio Bernal también se le reconoce su participación y colaboración en proyectos de autogestión, y su aportación a los medios de comunicación alternativos y a la imagen visual de bandas de música de corte independiente. Es una figura importante en las exposiciones de arte y contrapublicidad urbana en Colombia y también participa en proyectos de carácter social a través de fundaciones sin fines de lucro. Le apasiona el diseño de libros a lo que dedica tiempo como ilustrador "freelance".

Para obtener información sobre la Técnica de Alineamiento del Campo Energético Humano, Técnicas de Canalización o sobre Alquimia y Nueva Energía Planetaria puede escribir a BalanceArte@hotmail.com.

Made in the USA
San Bernardino, CA
01 April 2019